记住：你不需要天生强大，
　　　但你需要学会如何变强！

这本书可以成为你的职场生存手册。
它不会教你逃避，而是教你
如何面对困境。
那些打不倒你的，终将使
你更强大。

赠具晴磊

写给第一批读者

# 练就高情商

## 高情商

职场沟通与复杂关系应对

[澳]齐昊◎著

机械工业出版社
CHINA MACHINE PRESS

硬实力决定你的职位下限，软实力决定你的职业生涯上限。

这是一本关于如何在职场中找到自己的核心竞争力、提升个人价值和实现职业发展的指南。作者结合自身在大型国企、外资企业、民营上市企业以及个人的创业经历，深入分析同事、上司的心理与思考问题的视角，将其整理成实用的职场心法，帮助职场人士实现从能做事到能管事、能成事的快速成长。

本书以个人职业发展为主线，阐述了如何完成自我提升，包括如何精准定位个人优势，构建个性化的职业规划蓝图；如何用好"高情商"这一武器，平缓度过职场中的适应期，轻松完成团队沟通、协作和管理工作。内容不仅适合初入职场的新人，帮你高效解决沟通和人际关系问题；更适合那些渴望在职场中获得晋升和职业发展的中基层管理者，从中学会针对具体问题的灵活变通之道，并快速找到破解各类职场难题的方法。

北京市版权局著作权合同登记　图字：01-2024-6270 号。

**图书在版编目（CIP）数据**

练就高情商：职场沟通与复杂关系应对 / （澳）齐昊著. -- 北京：机械工业出版社，2024. 12. -- ISBN 978-7-111-77703-8

Ⅰ. C912.11-49

中国国家版本馆CIP数据核字第2025TA0374号

机械工业出版社（北京市百万庄大街22号　邮政编码100037）

| | | | |
|---|---|---|---|
| 策划编辑：曹雅君 | | 责任编辑：曹雅君　蔡欣欣 | |
| 责任校对：贾海霞　张亚楠 | | 责任印制：单爱军 | |

保定市中画美凯印刷有限公司印刷

2025年3月第1版第1次印刷

148mm×210mm・9.625印张・1插页・182千字

标准书号：ISBN 978-7-111-77703-8

定价：69.00元

电话服务　　　　　　　　　　网络服务

客服电话：010-88361066　　　机　工　官　网：www.cmpbook.com

　　　　　010-88379833　　　机　工　官　博：weibo.com/cmp1952

　　　　　010-68326294　　　金　书　网：www.golden-book.com

**封底无防伪标均为盗版**　　　机工教育服务网：www.cmpedu.com

# 前　言

　　尊敬的读者们，在你翻开这本书之前，我想先对你表达最诚挚的感谢。是你对个人成长和职场智慧的不懈追求，让我们得以在这本书中相遇。

　　有研究认为，人的一生有七次改变命运的机会，就看你能不能抓住。我认为，其中至少有一次机会，是发生在你的职场中的。因为我们一生中绝大多数时间其实是在工作，职业成长不仅决定着我们未来的物质生活水平，更能帮助我们实现个人价值认同、提升幸福感。

　　在过去的 30 年里，我从全球排名前四位的会计师事务所的审计人员，到世界 500 强企业、外资企业的财务负责人、财务总监，创业者，最后成为一名财务管理讲师，完成了多次职业身份的转变和事业的跃迁。

　　那么，我是如何做到的呢？一切答案都在这本书中。

这是一本关于如何在职场中找到自己的核心竞争力、提升个人价值和实现职业发展的思维导引。这本书深入探讨了职场中的各种现象，分析了成功与挫折背后的深层原因，并结合真实的职场案例，为你提供了一系列实用的策略和方法。

本书遵循个人职业发展的轨迹，以"找到你的核心竞争力"为起点，引导你通过深入的自我分析，明确自己的核心价值和潜在短板，并提供了如何打造个人核心竞争力的步骤和策略；接着，探讨了许多职场人都要面临的"职场适应"问题，针对不同的情境，分析具体的解决方法；然后，从团队协助、沟通表达入手，探讨职场中的各种现象；最后，本书着眼于职业发展的高级阶段，阐述了如何成为一名优秀的管理者。通过具体的案例分析和策略指导，帮助职场人士实现从能做事到能管事、能成事的快速成长。

此外，我还想和大家强调的一点是，在职场中的成长有很多方法和策略，但可能只适用于职场，适用于办公室。如果人生是一场修行，那么职场只是这场修行中的某一阶段。我们通过在职场中的打拼，更加洞悉自己，更加洞察人性。希望大家不要在职场中为了名利迷失了自己的心性。最终，我们还是要正本清源，学习了解这个世界，探寻自己生命之路的意义所在。请大家务必记住，人生不仅仅是工作和学习，人生的价值和意义在于体验。在工作中体验，在学习中体验，在生活中体验，在观察每一片落叶、每一滴露水中体验。

　　最后，我想说的是，这本书的完成离不开许多人的帮助和支持。我要感谢所有参与本书编写的团队成员，感谢他们的辛勤工作和宝贵意见。同时，我也要感谢每一位读者，是你的信任和支持让我的工作变得有意义。请带着开放的心态阅读这本书，我希望它能成为你职场旅途中的一盏明灯，照亮你前行的道路。祝愿你职场生活顺利，成就非凡！

齐　昊

# 目　录

前言

## 第 1 章　找到你的核心竞争力

1.1　把自己当成一件产品　... 002

1.1.1　为自己写一份产品说明书　... 002

1.1.2　把自己当成产品来打磨　... 005

1.1.3　做好产品升级　... 007

1.2　有规划才有主动权　... 012

1.2.1　如何打造自己的核心竞争力　... 013

1.2.2　制定规划，掌握职场主动权　... 022

1.3　更新你的人生地图　... 026

1.3.1　打造职场进阶之梯　... 027

1.3.2　如何学习提升　... 032

1.4　如何打造自己的软实力　... 038

1.4.1　发挥意识能动性　... 038

1.4.2　积极应对与自我控制　... 046

1.4.3　如何在职场中脱颖而出　... 051

1.5　不要轻易抛弃灵活性　... 057

1.5.1　抓住"灵活性"中的自主权　... 057

1.5.2　灵活性是有价值的　... 060

# 第 2 章 打开职场新局面

**2.1 切勿新官上任三把火** ... 064

2.1.1 新官上任四妙招 ... 065

2.1.2 "新官"试用期三大锦囊 ... 070

2.1.3 何时可以烧"三把火" ... 071

**2.2 单点突破,把握部门的节奏** ... 074

2.2.1 事先布局:树立标杆或标兵 ... 075

2.2.2 盘点资源:对人的分析 ... 079

2.2.3 评估重要性:全面激发能动性 ... 084

2.2.4 分解任务:把握项目进度 ... 085

**2.3 "空降兵"如何在公司站稳脚跟** ... 088

2.3.1 摆正心态 ... 088

2.3.2 满足 1 个人的核心需求:沟通揣摩、预期管理 ... 089

2.3.3 做好 2 件事:了解情况、认清需求 ... 091

2.3.4 前 3 个月占据老板的"心智" ... 094

2.3.5 关于是否要当"空降兵"的一点小建议 ... 095

**2.4 凭什么你能来管我** ... 095

2.4.1 空降到公司任高管后,"老臣子"拒绝交接 ... 096

2.4.2 打好情绪保卫战 ... 097

2.4.3 分析优势,逐个击破 ... 098

2.4.4 大局观:一切从公司角度出发 ... 102

2.4.5 个人能力是成为领导的唯一条件吗 ... 108

2.5　分清打压与考验　　　　　　　　　　... 109

2.5.1　站在对方的角度上看问题　　　　　... 110

2.5.2　不要让思维局限在情绪里面，多维思考看问题 ... 117


# 第 3 章　怎么做，别人才会听你的

3.1　做个情绪稳定的成年人　　　　　　　... 120

3.1.1　梳理愤怒情绪　　　　　　　　　　... 120

3.1.2　梳理沮丧情绪　　　　　　　　　　... 123

3.1.3　梳理失落情绪　　　　　　　　　　... 127

3.1.4　梳理内疚情绪　　　　　　　　　　... 130

3.1.5　梳理焦虑情绪　　　　　　　　　　... 132

3.2　品德要放在能力前面　　　　　　　　... 134

3.2.1　品德为何要放在能力前面　　　　　... 135

3.2.2　管理者心法：以德服人　　　　　　... 138

3.2.3　选拔人才时，请坚持品德优先原则　... 143

3.3　有矛盾，一定要放在明面上谈　　　　... 146

3.3.1　如何将矛盾放在明面上　　　　　　... 147

3.3.2　正面回应，打破个人职责边界　　　... 150

3.3.3　如何让不配合的同事主动承担责任　... 152

3.4　灵活转化，规避矛盾　　　　　　　　... 154

3.4.1　建立系统，转移矛盾　　　　　　　... 154

3.4.2　向上管理，获得发言权　　　　　　... 157

3.4.3　高情商沟通　　　　　　　　　　　　　　... 161

**3.5　部门协同不只有"公事公办"**　　　　　　　　... 165

3.5.1　公事公办中不可避免的摩擦　　　　　　　... 166

3.5.2　支持为主，监督为辅　　　　　　　　　　... 166

3.5.3　站在公司角度考虑利弊，不要害怕发生矛盾　... 170

# 第 4 章　说话的艺术

**4.1　语言的力量**　　　　　　　　　　　　　　　... 176

4.1.1　语言是有力度的　　　　　　　　　　　　... 176

4.1.2　在职场中如何充分发挥语言的力量　　　　... 178

**4.2　重视情绪价值**　　　　　　　　　　　　　　... 183

4.2.1　赞美就是给他人提供情绪价值　　　　　　... 184

4.2.2　职场高手要既会做又会说　　　　　　　　... 188

4.2.3　赞美公式　　　　　　　　　　　　　　　... 190

**4.3　有来有往，才能叫沟通**　　　　　　　　　　... 191

4.3.1　职场中需要双向沟通　　　　　　　　　　... 192

4.3.2　财务管理者如何与老板进行双向沟通　　　... 193

**4.4　如何进行有效沟通**　　　　　　　　　　　　... 206

4.4.1　打破阻碍沟通的无形壁垒　　　　　　　　... 207

4.4.2　沟通前需要考虑清楚的三件事　　　　　　... 210

4.4.3　保持语言的逻辑性　　　　　　　　　　　... 213

**4.5　教你与四类"难搞"老板沟通**　... 216

4.5.1　三种暴脾气型老板　... 216

4.5.2　"抠门"型老板　... 222

4.5.3　老好人型老板　... 225

4.5.4　官僚型老板　... 228

**4.6　说"不"同样能加分**　... 230

4.6.1　让"不"成为职场中保卫自身的盔甲　... 231

4.6.2　如何妥善处理工作中的求助　... 232

4.6.3　如何应对上级、老板交代的艰巨任务　... 236

# 第 5 章　合格的管理者成事，
## 优秀的管理者带人

**5.1　活用 PDCA 循环**　... 242

5.1.1　事前有计划　... 242

5.1.2　落地有预算：将一个目标分解落地　... 244

5.1.3　流程有标准：约束管理，指明方向　... 246

5.1.4　执行有监督：定期检查，及时矫正　... 248

**5.2　思维的角度决定你的高度**　... 252

5.2.1　站高一层看问题　... 253

5.2.2　横向破圈：打破职责边界　... 258

5.2.3　修炼高层的重要能力：抗压力　... 260

**5.3 不受夹板气的工作法** ... 262

5.3.1 向上管理 ... 262

5.3.2 向下管理 ... 265

**5.4 四步帮你快速树立威信** ... 269

5.4.1 管理者立威的四个方法 ... 270

5.4.2 管理者树立威信的三种工具 ... 275

5.4.3 管理者如何长期保持威信 ... 278

**5.5 相信你的下属** ... 279

5.5.1 解决"信任"的后顾之忧 ... 280

5.5.2 发掘员工的无限可能 ... 282

**5.6 做一个会提问的管理者** ... 287

5.6.1 如何做不累的管理者 ... 287

5.6.2 善用 5WH 提问法 ... 291

**后 记** ... 296

# 练就高情商

职场沟通与复杂关系应对

E

练就高情商

职场沟通与复杂关系应对

第 1 章
找到你的核心
竞争力

# 1.1
## 把自己当成一件产品

在职场中，把自己当成一件产品来经营和管理，是一种极具实用性的思维方式。

这种思维可以帮助我们进行自我分析，明确自己的核心价值、优势，以及潜在的短板，让我们更好地认知自我。

完成这些认知后，我们可以在此基础上提升个人的竞争力。

### 1.1.1　为自己写一份产品说明书

**1** 什么是个人产品说明书

产品说明书是指以文体的方式对某产品进行相对的详细表述。

通常一份产品说明书包含正文和标题两部分内容，正文通常会涉及产品的特征、性能、使用方法、保养维护、注意事项等。

当我们将自己作为产品说明书的介绍主体时，需要体现个人的原生家庭、职业成长经历、个人特点、个人优势等内容。

**②　制作个人产品说明书需要注意的两个原则**

在制作产品说明书的过程中，通常需要注意真实性、科学性、条理性、通俗性、实用性这五个原则。但是，当产品说明书的描述主体从"物"变成"人"时，则只需要考虑真实性、条理性这两个原则。

**（1）确保真实性**

制作个人产品说明书的主要目的是进行自我分析，所以必须保证信息的真实性，站在客观立场上对个人做出真实的评价。

**（2）保持条理性**

在制作个人产品说明书时，一定要做到简洁明了、条理清晰。部分比较复杂的内容可以用图表来展示，确保个人产品说明书具备可读性和可操作性。

总的来说，要基于制作产品说明书的目的及后期产品说明书使用时的情景，来制作一份客观且有条理的产品说明书。

**③　产品说明书模板**

以下是一个产品说明书模板，大家可以根据这个模板为自己撰写一份产品说明书。请注意：在填写时务必遵循制作产品说明书需要注意的原则。

模 板

# 产品说明书

## 一、产品概述

1. 产品名称：姓名

2. 产品型号：职业成长经历或目前担任的职位

3. 制造商（产地）：原生家庭情况或成长经历

## 二、产品特点与优势

1. 特点：个人性格特点

2. 优势：与其他人相比突出的优势，如理论知识、实操能力、软件操作能力、情商等

## 三、产品规格与参数

1. 尺寸：身高

2. 重量：体重

3. 性能参数：综合身高、体重等个人身体情况来分析是否具有拼事业的好体魄

## 四、使用说明

1. 适用场景：岗位职责描述

2. 使用方法：什么方法可以激发个人能动性

3. 注意事项：个人在工作中的一些习惯、偏好

## 五、维护与保养

1. 定期自我评估：回顾自己的工作表现，针对存在的问题和不足制定改进措施

2. 保养建议（如何学习提升）：关注行业最新动态和趋势，参加专业培训和学习活动

## 六、安全警示

1. 无法使用的情况：确定需要个人坚守的原则和底线（尤其对于某些岗位）

2. 出现此类情况请停止使用：个人对工作承受的极限（喜欢何种工作环境，是否支持长期出差）

## 1.1.2 把自己当成产品来打磨

当我们将自己当成一件产品，并且通过为自己写一份产品说明书来充分了解自己后，接下来应该做的就是确认自己的核心竞争力。因为每个产品都必须要有自己的核心竞争力，才能在市场中杀出重围。假如你只是一件"基础款产品"，就很难获得更高的毛利。

职场中也是同理，假如你对比其他同事并没有什么突出的优势，在工作中也没有出彩的表现，就无法获得老板的青睐，升职加薪更是无望。

职场案例

### 为什么这么努力还不能成功?

小李在常规意义上是一位很优秀的学霸，他不仅是注册会计师、注册资产评估师，还拥有证券从业资格证、律师证、税务师等相关证书。

按理来说，小李应该会拥有辉煌的职场生涯。然而，他的职场之路却一直都不顺利，不仅连续换了四五份工作，还有一段创业失败的经历，最后才进入税务师事务所当项目经理。

可是，这份项目经理的工作其实也没有满足小李的期待，他认为自己是手持多本证书的人才，在这个岗位上有点屈才了。

小李对自己的境遇非常感慨:"我这么努力还不成功，难道我的人生注定平凡吗?"

**案例分析**

其实，小李的情况在职场中并不是个例，很多职场人都面临这种尴尬的局面。他们最大的问题就是没有找到自己真正的核心竞争力，导致自己失去了最大的优势，在职场变得泯然众人矣。

**解决之道**

（1）确认自己的核心竞争力

核心竞争力是指个体在职场或特定领域中，所拥有的独特且难以被竞争对手模仿或超越的优势。核心竞争力是个人职业发展和晋升的关键因素。

核心竞争力包含了硬实力和软实力：

①硬实力可以分为专业技能和通用技能两个方面的内容。

专业技能：理论知识、实操能力、解难题思维。

通用技能：外语、软件操作能力、结合职业横向发展的其他技能。

②软实力指的是一种精神力量，即自省力、自驱力、自洽力、情绪控制能力、心理承受力、灵活性等精神力量。

（2）个人产品说明书的应用

①发现自己的核心竞争力。

产品说明书制作完成后，就可以依据职场竞争力的分类标准确定自己的核心竞争力。比如，小李拥有许多证书，这就属于硬实力中的理论知识。

②结合个人产品说明书分析如何提升核心竞争力。

综合小李的个人职业成长经历，可以发现由于小李频繁跳槽，他的实操能力和解难题思维都略有欠缺，目前仅理论知识较为突出。

小李如果想要在后续的职场发展中获得提升，应该优先选择增强自己的优势，同时补足实操能力和解难题思维方面的短板。对于小李来讲，具体的做法就是要学会能够稳定地在一家不错的公司里，展现自己的沟通能力和执行力，切切实实地帮企业解决问题，做出成绩来，而不是一碰到困难，就选择逃避或者跳槽。

## 1.1.3　做好产品升级

iPhone 作为苹果公司（Apple Inc.）的核心产品之一，每年都在进行升级。每一代产品都做出了一定的改进，不断提升性能、优化摄像头系统，或增强电池续航能力。这些升级不仅满足了消费者对更高性能、更好拍照体验的需求，也确保了 iPhone 能在市场上始终保持领先的地位。

上述例子说明：想要做出长盛不衰的产品，就需要做好产品升级，保持产品的竞争力。

而日益激烈的职场竞争正如日新月异的市场变化，要求我们遵循产品升级的原理，不断提升自己的综合素质和职场竞争力，才能适应职业发展的需求。

## ① 找亮点，确认自己的定位

### 职场案例

### 丢了西瓜捡芝麻的小玲

小玲是一家知名互联网公司的资深软件工程师，她对于编程有着极高的热情和天赋，无论是复杂的算法还是前沿的技术，她都能迅速掌握并运用到实际工作中。因此，部门的同事在遇到一些棘手的工作时都会向她寻求帮助。

但是小玲的语言表达能力很差，在与团队成员、上级或客户进行沟通时，她经常会因为过于坚持自己的观点而与对方不欢而散。

于是，小玲尝试着参加一些沟通技巧的培训课程，却收效甚微。并且，她花了太多时间在培养沟通技巧上，反而疏于对自己专业技能的提升。某天在工作中，因为小玲将"参数"设置错误，导致"后台"出现漏洞。

领导就这次失误与小玲进行沟通，她这才明白自己顾此失彼，将过多的精力放在自己的短板上，反而忽略了自己最大的优势。

### 案例分析

由于思维惯性，我们在发现自己的劣势后，总是试图补足短板，希望自己可以成为一个"全能型"的选手。比如说，小玲的优势是她出众的专业技能，但是她却将目光放在自己的劣势上，拼命想将自己的沟通能力拉回到水平线上。

但是，在商业社会中，你的个人价值其实是由你最突出的优势决定的。所以我们在职场中应该反其道而行之，认清并扩大自己的优势，将其作为自己的定位。在心有余力的时候，再考虑弥补自己的短板。

（1）找到优势，确认定位

首先，要认清自己在性格上、专业技术上的优势、劣势，以及兴趣和价值观；然后，深入分析自己的能力和潜力。清晰的自我定位，是我们不断成长的动力。

（2）放大优势，取长补短

在制作简历时，要突出自己的工作亮点和专业技术的亮点。而在找工作时，要尽量寻找符合自己工作风格的企业。比如，你是一个技术能力很强的人，但平时工作中说话可能比较直接，容易得罪人，那么就尽量选择职场环境相对宽松的工作。

在工作中，我们要尽量寻找机会和自己的领导沟通，去争取能够发挥自己最大优势的岗位。学会用自己的优势"兵力"去"攻打"别人的劣势"兵力"，才能在竞争中胜出。

## ❷ 适应市场变化，满足潜在需求

职场案例

### 没有与时俱进就容易被市场淘汰

小林是一家大型企业的资深员工，他曾经凭借出色的业务能力和扎实的专业知识，赢得上司和同事们的认可，并晋升为部门经理。

但是近年来，小林所在的行业经历了巨大的技术变革，数字化、自动化和人工智能等新技术不断涌现，对从业者的技能要求也在发生变化。

小林对这些新技术却漠不关心，他依然沉浸在过去的荣光中，认为自己的能力足够应付日常工作。并未发现很多原本属于他的业务机会已经被转移到了解新技术的同事手里。

随着时间的推移，公司逐渐淘汰旧的业务模式，顺应技术革新建立了新的工作流程。小林渐渐发现自己的工作变得越来越吃力，新的业务模式和流程让他感到无所适从，而他的下属们却能够迅速适应并熟练掌握。

案例分析

由于小林没有与时俱进，更新自己的技能，所以面临职业发展的困境。原本有望晋升为公司高层管理者的他，却因为缺乏前瞻性而错失良机。反观小林曾经的下属，因为不断学习、提升自己的能力，很可能在不久的将来超越他。

（1）做好市场需求分析

在职场中，我们需要密切关注市场需求和竞争态势。了解行业趋势、企业需求以及竞争对手的情况，通过各种渠道找到自己的老师，升级迭代自己的专业知识，以适应市场变化。

（2）适应市场变化

在现代社会中，技术的更新速度非常快，职场人必须保持敏锐的洞察力，时刻关注行业趋势，不断学习以顺应公司发展的需求，保持自己的竞争力。如果理论知识水平不能有效提高，就要关注自己沟通能力和决策能力的提升，也就是软实力的提升。

### ❸ 用户反馈与个人提升

（1）用户反馈与个人提升的关联

想要做好产品升级，就需要注重用户的反馈，并根据用户的反馈积极调整产品的不足。关注工作中第三方的反馈和需求，不断提升自己的能力。这种以用户为中心的思维方式有助于我们提升职业素养和综合能力。

（2）如何做好个人提升

我们要定期向上级汇报工作进展及取得的成果，并积极寻求反馈，以便及时调整工作策略；积极与同事进行沟通，寻求改进方法，提高自己的工作效能。

**4 产品迭代与职业规划**

**（1）产品迭代与职业规划的关联**

产品的迭代分为四个阶段：探索期、成长期、成熟期、突破期。这个复杂的过程也象征了大部分职场人在职场中升级的过程。

**（2）如何进行职业规划迭代**

第一，学习。现代信息通信越来越便捷，找到合适的学习平台较之前要容易得多。在这些平台上我们可以找到高手，拜师学艺，在学习中成长。

第二，在失败中成长。对每一次失败，我们都要进行自我检讨和总结。

第三，在工作中成长。在工作中，我们可以发现领导和同事们优秀的思维和工作方法。

# 1.2
## 有规划才有主动权

法国著名作家罗曼·罗兰（Romain Rolland）曾经说过："人们常觉得准备的阶段是浪费时间，只有当真正的机会来临，而自己没有能力把握的时候，才能觉悟到自己平时没有准备才是浪费了时间。"

有些人可能拥有大量的物质财富或信息资源，却因为缺乏有效的投资策略或管理技巧，未能将其转化为实际的价值或利益，造成资源闲置或浪费。

有些人则明珠暗投，罔顾自己的天赋，在机遇来临时才感慨自己为何没有能力抓住。殊不知，其实只要用心发现自己的天赋，结合职业发展做好规划，努力提升自己，就会有不一样的发展。

所以，无论是在个人成长还是事业发展道路上，我们都应该注重规划的重要性。尤其是希望在职业发展中快速获得提升的人，更需要做出明确的规划，努力挖掘自身的天赋，从而在激烈的职场竞争中脱颖而出。

## 1.2.1　如何打造自己的核心竞争力

作为独特的个体，每个人都有自己的天赋。天赋能够让我们在特定领域或者某项任务中表现得比别人更出众。只要应用得当，天赋还可以转化成我们的核心竞争力。

例如，对数字极为敏感的人通常在财务或数据分析领域具有出众的天赋，假如他能在此基础上不断进行学习和实践，就可以将这种天赋转化为卓越的专业技能，成为该领域的佼佼者。

我们应当充分发掘自己的天赋，将其与职业相结合，在某一个领域形成自己独特的优势，提升自己的职场竞争力。

### 1 第一步：认识自己

不管是打造核心竞争力还是发掘自己的天赋，我们都需要考虑个体的独特性。这是一个循序渐进的过程，我们必须先深入了解自己，才能找到自己的天赋，进行后续一系列规划。

有些人可能早早就发现了自己的天赋，并点亮相关的技能点。而有些人的天赋可能是隐而未现的，就如同包在石头中尚未雕琢的璞玉，需要开发，才能发出属于美玉的莹润光泽。

我们先将个体天赋简单分为三种类型：解难题型、外联型、信任型。例如，在家喻户晓的《西游记》中，孙悟空、猪八戒、沙僧的天赋就分别对应个体天赋的三种类型。

《西游记》中的师徒四人组是一支能力突出的团队。

唐僧作为团队的领袖，具有坚定的信念和决心，始终保持着前往西天取经的目标不动摇，引导着前进的方向。

而三个徒弟也都有自己突出的天赋：

孙悟空是团队的核心力量，他拥有强大的武艺和神通，能够迅速解决团队遇到的难题。

而每次团队中出现不可调和的矛盾或气氛低沉时，就轮到猪八戒出马了，他总能将队伍重新凝聚在一起；沙僧勤劳稳重，他始终默默地承担着各种苦力工作，毫无怨言。并且在团队需要时，总是能够挺身而出，成为坚实的后盾。

### （1）解难题型

孙悟空无疑是团队中的解难题型天赋代表。他具备强大的武艺和神通，能够迅速解决取经路上遇到的各种难题和困境。

在团队中，解难题型的人往往是能够解决复杂问题、突破技术瓶颈的重要人物。因为他们的理论知识和实操能力都非常突出。这一类人才通常不大喜欢那些简单、重复、价值低的工作。

### （2）外联型

猪八戒拥有外联型天赋，能够在团队中出现矛盾或气氛低沉时，发挥自己的幽默和乐观特质，将队伍重新凝聚在一起。拥有这类天赋的人，通常擅长与人沟通及处理人际关系，是人际关系的黏合剂。但是在处理难度大的问题时，这类人通常没有很好的思路，执行力也不够强。

### （3）信任型

沙僧作为团队中的忠诚担当，他所拥有的是信任型天赋。拥有这一类天赋的人总是习惯默默工作。虽然言辞不多，但是尽职尽责，是团队中最可靠的成员。这类人通常沟通能力不强，做事谨慎小心。

清楚这三种类型具体代表什么样的天赋后，我们就可以根据自己的实际情况判断自己拥有哪种类型的天赋，将自己划分到相应的分区内。

## ❷ 第二步：发现自己的天赋

确定天赋类型（解难题型、外联型、信任型）后，就离我们发现自己的天赋又近了一步。

### （1）寻找自己的天赋

首先，我们可以在目前划分的天赋类型分区内检索，自己是否在哪项工作中表现出突出的天赋；接着，我们可以将日常生活和工作中一些不属于目前天赋类型分区，但是又特别出众的能力提取出来。因为每个人的天赋都是复杂的，具有解难题型天赋的人，可能还会同时拥有其他天赋类型中的能力。

什么是天赋？比如理论知识储备特别充足、实操能力很强、每次遇到问题都能在短时间内想到解决的办法、外语水平很高、遇到困难总是有条不紊、数据分析能力特别强等，这些都可以看作天赋。

### （2）生成天赋清单

找到自己的"天赋"后，我们可以生成一份简易的天赋清单，给"天赋"设定编号，并将其按照顺序排列。

但是，目前这些被列出来的"天赋"是否属于个人真正的天赋还有待商榷。建议大家可以建立一个天赋分析表格，方便后续进行综合分析，见表 1-1。

表 1-1　天赋分析表格

| 序号 | 做得不错的事情 | 兴趣度 | 痛苦指数 | 时间成本 | 综合评价 |
|------|----------------|--------|----------|----------|----------|
| 1 |  |  |  |  |  |
| 2 |  |  |  |  |  |
| 3 |  |  |  |  |  |
| 4 |  |  |  |  |  |
| …… |  |  |  |  |  |

（3）缩小选择范围

生成天赋清单后，我们还需要在清单的范围内进行筛选，从兴趣度、痛苦指数、时间成本三个角度对清单内容进行评分，根据评分找出我们真正的天赋。

① 兴趣度

首先，将你对这些事情的感兴趣程度定义为兴趣度，并将其总分值设定为 10。

其次，浏览天赋清单中的内容，从中选择出你最感兴趣的内容重点标记。

最后，按顺序为你记录在天赋清单中的内容打分。

② 痛苦指数

将你在完成这些事情的过程中感受到的困难定义为痛苦指数，并将其总分值设定 10。

然后，回忆你在完成这些事情的过程中感到的困难，按顺序为你记录在天赋清单中的这些事情打分。

③ 时间成本

回顾一下，这些记录在天赋清单中的事情你在日常工作中通常会投入的时间成本，将数据填写在表 1-1 中的"时间成本"的第一列。

然后，将时间成本分为低、正常、高三个层级，对照其他人完成这件事情需要的时间，对自己花费的时间成本做出判断，如实填写在表格中"时间成本"的第二列。

④ 综合评价

根据我们在天赋清单中各项内容打的分值，做出综合评价。

在此基础上，筛选出你最感兴趣、完成过程中痛苦程度最低、较其他人效率更高，并且你愿意投入时间去做的事情。

### 3. 第三步：向高手学习

天赋是形成核心竞争力的基础之一，但要将天赋转化为真正的竞争力，你还需要结合自己的实际情况和兴趣，不断学习和实践。

向同行业的高手或心目中的大神请教，是将天赋转化为职场竞争力的一条捷径。你可以从他们的身上获取宝贵的经验和技能，避免在职业成长道路上走不必要的弯路。

接下来，我通过自身的案例来分析要如何向高手学习。

职场案例

### 新手导游面临的困局

上大学时，我和几个朋友一起创业，在草原上创办了一家度假村。

那是一片刚开发的草原，大部分导游都不熟悉这条线路，并且赶上导游生病，能出任务的导游就更少了，我们面临严重的用工短缺。

因为我年轻的时候很喜欢旅游，并且非常向往导游这个职业。于是，我的朋友便建议我可以先当代班导游，缓解一下当时的困境。

我正式上岗的第一天，公司安排给我的那个团全部都是大爷、大妈、叔叔和阿姨。我作为一名未毕业的大学生，面对这些年长我颇多的团员时难免比较紧张。

在后面的旅途中，我下意识就一直照本宣科地背导游词。结果，大家对我的介绍并不感兴趣，都在私底下开小会聊天，导致我更紧张了。

就这样，我带了两三次团，都和第一次的情况差不多，游客对我工作的反馈也不好。这让我产生了强烈的挫败感。虽然我对这份工作很感兴趣，但是一直不得其门而入，没有做好这项工作。

解决之道

（1）寻找合适的高手

那么，要如何才能在自己喜欢，并且愿意投入时间的领域充分发挥天赋呢？最简单的方式就是要学会向高手请教。

在带团的导游中，有一位 40 多岁的资深导游，他的带团经验非常丰富，并且还会弹奏多种乐器。和这位导游接触过的游客都很喜欢他，不仅送他小礼物，还会请他吃饭，他每次带团获得的游客反馈都是好评。

在现实生活中，除了向你身边的高手学习，我们也可以通过网络搜索、行业论坛、社交媒体等途径来寻找你心目中的高手。

（2）建立联系、虚心请教

在找到合适的高手后，我马上和对方建立联系，并且向他提出我的问题和困惑。最终，顺利找到了解决问题的思路。

有一天，我邀请这位资深导游吃饭，并在饭桌上虚心向他请教：

"我很想成为一名出色的导游，但是在跟比我年纪大的游客进行沟通和交流时，我经常会感到恐惧和紧张，我要怎样做才能克服这种紧张和不自信的心理呢？"

听完我的问题后，他并没有马上作答，而是问了我两个问题。他先是问我在草原上待了多久了，是否了解这里。我告诉他，我已经在草原上待了两年了，我非常了解并喜欢这个美丽的草原。

在获得答案后，他耐心地和我说：

"你不要将这些团员看成陌生的长辈，而是在观念上把他们转变成你的亲人、你的好朋友。他们对于草原是一无所知的，并且急切地想要了解。而作为一名对草原非常熟悉的导游，你要做的就是将你知道的、关于草原的一切告诉他们，满足他们好奇心的同时，细心关照他们的生活需求。"

在职场中，我们想和高手建立联系也可以尝试通过发送私信、参加他们的讲座或研讨会等方式。你可以向对方表达你对他们的敬意，以及向他们学习的愿望。并在获得对方的同意后，积极向他们提出你的问题和困惑。

（3）认知学习与实践

从高手那里获得的信息和建议是非常宝贵的，但仅仅知道这些还不够，你需要将这些知识和经验转化为自己的实际行动，通过不断的实践来提升自己的能力。

听完这位导游的话后，我豁然开朗，仿佛被打通了任督二脉。草原是我的主场，在这个主场，我就是老师，团员们都是我的小白学生，这大大减少了我的紧张情绪。在后续的工作中，我始终谨记这一点，导游工作也开始渐入佳境。

### （4）小贴士：切忌"讳疾忌医"

很多职场小白在工作中遇到困难时，第一时间想的是如何通过搜索引擎解决或者在社交平台上发言求助，不想在领导和同事面前露怯。

但是解决问题的最佳方式其实是向你的同事或者领导寻求帮助。因为对于职场小白来说，拥有丰富工作经验的同事和领导就是离你最近的"高手"。我在普华永道中天会计师事务所工作时，就经常向身边优秀的人学习。

比如说，某个男同事做审计的思路非常好。我们一起出差的时候，我就会要求和他住在同一个房间里。然后在下了班以后，趁机向他讨教一些审计知识。

在遇到一些职场高手时，我们应该积极和对方建立联系，努力学习、提升自己的能力。不要碍于个人面子，错失能力提升的好机会。

## 1.2.2 制定规划，掌握职场主动权

现代社会不停地在发生科技进步、经济变革。想要永远在新风潮中屹立不倒，就要用心锻造自己的"定海神针"，有针

对性地制订发展计划，将天赋转化为职场中的核心竞争力。

除此之外，我们还需要不断突破自我、掌握新技能，并将其应用于实际工作中。顺应时代潮流，有助于掌握职场主动权。

### 1 制定规划

#### （1）规划前：学习高手心法

就如同世界上没有两片完全相同的叶子，每个人也都是独特的个体。我们必须要尊重个体的独特性，才能发掘出自己的潜能。

别人的方法和经验或许在某些方面具有一定的参考价值，但绝不可能完全适用于你。并且开发天赋也并非一蹴而就，需要持续地学习和实践。我们可以结合"高手"分享的经验，制定一份更符合个人发展规律的独家秘籍。

#### （2）规划中：制定合理目标

在制定规划时，我们需要根据自身的情况设定短期和长期的目标，然后将这些目标作为衡量我们成就的标准。通过实践，一步一步加强我们对天赋的开发，逐步提升自己的职场竞争力。

#### （3）规划中：提前做好预案

制定规划时，我们应该尽可能预见执行规划过程中可能出现的问题和挑战，做好对未来可能出现的最不好状况的心理建设，并据此制定应对策略。这样，当挑战来临时，我们就能迅速做出反应，把握主动权。很多所谓的高手，泰山崩于前而面不改色，可能并不是此人定力高，而是他在心中已经对这种情况做了预案而已。

### （4）执行时：进行阶段性检查

为了让树木按照预定的方向生长，我们在其生长过程中就需要定期进行修剪。执行规划的过程也需要遵循这一规律，定期进行检查，及时处理遇到的问题，调整规划方向。

假如你正在实践高手传授的"心法"，那么，你可以定期向高手反馈你在学习过程中遇到的问题，向他们寻求一些指导和建议，帮助你更好地调整自己的学习方向。

### （5）执行时：提高行动力的小方法

#### ① 心理激励法

将你的目标或者愿景具象化，成为激励你前进的目标。比如，以你心目中的高手为模板构建你的职业发展蓝图，或者想象自己的目标实现后的情景，激发你的动力。

#### ② 监督护航

与家人、朋友或同事分享你的任务和目标。确保有人可以在你产生懈怠情绪时提醒你回归正轨，继续前行。

**❷ 摆脱局限，完成实力多维叠加**

## 福特汽车公司发展历程

亨利·福特（Henry Ford）是福特汽车公司（Ford Motor Company）的创始人，他从小便展露了机械方面的天赋。他在创立了福特汽车公司之后，并未止步于技术的精进，而是不断学习新的管理理念和商业策略，努力将福特汽车打造成一家具有竞争力的企业。

最终，福特通过改进汽车制造工艺、优化商业运营模式，使福特汽车成为美国最大的汽车制造商之一，奠定了其在美国汽车市场的领先地位。

案例分析

在上述例子中，亨利·福特和福特汽车公司不仅专注于技术创新，还不断优化商业策略，在技术和管理两个关键领域实现了齐头并进。此举不仅为企业带来了更多市场份额和利润，还提升了整体运营效率和市场竞争力，为企业长久发展铸就了稳固的基石。

### （1）不止于个人天赋

根据自己的优势找准定位，最大限度发挥自己的天赋，这是个体实现职业发展的基本要求。但仅凭天赋并不足以应对职场中复杂多变的挑战，只有打开视野，不断进取，努力摆脱自己的局限，才能在职场中走得更远。

（2）实现突破，完成实力多维叠加

比如在商业运作上，你对商业和市场的嗅觉，财务管理能力、技术能力、团队协同能力、创新思维都是职场发展不可或缺的能力。我们应当检视自身，想办法提升不足之处，使其与自己原有的天赋形成互补、协和的状态，完成实力的多维度叠加。

# 1.3
## 更新你的人生地图

每个人都有自己的人生地图，它就像一张履历，上面写满了我们的一生。

人生地图非常浩大，上面的信息也很庞杂，可能会有我们学习过的技能、读过的书、去过的城市、我们人生中重要的大事件等数不胜数的内容。

地图上的有些内容可能会随着时间的推移，墨迹慢慢变淡，直至消失。但是我们学过的技能会变成一道道遒劲有力的线条，不断勾勒新的故事。

## 1.3.1　打造职场进阶之梯

我们必须努力更新人生地图，通过学习技能强化其深度和广度，在此基础上打造职场进阶之梯。

在职场中，我们通常将技能分为专业技能和通用技能两个类别，并将其统称为核心竞争力中的硬实力。我们可以将专业技能和通用技能之间的结构关系看成一个"T"字形，见图 1-1。专业技能就是"T"的"丨"，代表深度；通用技能是"—"，代表广度。

**图 1-1　专业技能与通用技能之间的结构关系**

让我们从财务人员个人能力储备来看何为职场硬实力。

作为一名资深财务从业人员，你不仅精通会计核算<sup>⊖</sup>、财务管理，还熟悉资金运作的模式。并且，你在法律和金融领域也有丰富的知识储备。除此之外，你还能够流利使用英语、粤语，与不同地区的同事和客户进行沟通交流。

---

⊖　会计核算，是指以货币为主要计量单位，通过确认、计量、记录和报告等环节，对特定主体的经济活动进行记账、算账和报账，为相关会计信息使用者提供决策所需的会计信息。

在技术层面，你可以娴熟操作 Excel 表格，还能在 Excel 表格中设置简单的数据库，并且对各类 ERP<sup>⊖</sup> 软件的使用也非常熟悉。这样的你，在职场中能不受欢迎吗？

我在财务领域深耕多年，也在不停检讨自己的优势在哪里，劣势在哪里，才能一步步拥有了丰富的财务管理技能和团队管理经验。接下来，我将以个人的能力储备为例，分析一个财务人员应该具备什么样的职场硬实力，才能在专业领域游刃有余。

### ① 强化深度：专业技能

专业技能是指某个领域内专业的知识和技能，包括理论知识、实操能力和解难题思维。

#### （1）理论知识

理论知识是指概括性强、抽象度高的知识体系。

例如，我了解审计知识、企业会计准则和税法。我在法律和金融领域也有一定的知识储备，这样就更能够为企业提供合规性建议和金融策略分析。

---

⊖ ERP，中文名为企业资源计划，是指企业用于管理日常业务活动的管理系统，由财务一体化管理、物资资源 ERP 管理、信息资源管理组成的解决方案。企业借助它将所有资源进行整合，促进各业务流程之间的数据流动，实现经营效益最大化。

（2）实操能力

实操能力通常指的是个人在实际业务中展现出的熟练程度和灵活应用能力。

例如，作为一名资深财务从业人员，当业务人员在工作中遇到的困难涉及财务问题（如资金问题、合同发票问题）时，我们都应该凭借自己对专业理论的认知，灵活运用，有效地帮业务人员解决实际问题，并落地执行。

（3）解难题思维

当我们在职场中遇到问题时，需要运用策略和方法来分析和解决问题。接下来，我会通过我在工作中碰到的一个关于"是否退租"的案例，向大家说明什么是解难题思维。

公司原来在郊区有两个库房，但是因为公司的销售业绩下降，其中一个库房就空置了。于是，公司的行政主管和库房主管找到我商量怎样解决这个问题。他们希望可以尽快办理退租，避免产生多余的运营成本。

但是我与他们的想法不同——我希望可以将这个库房转租出去。

如果我们退租，园区也需要重新招租，他们就会产生许多时间成本和人力成本。同时我们还提出，如果允许我们转租，那么我们可以和园区签订了一份长期的租赁合同，并可以先缴纳一年的租金。所以，他们对我们自己进行库房转租其实是乐见其成的。

我们将库房转租给别人做摄影棚，因为摄影棚需要一个很大的空间，对挑高有要求，库房正合适。而且摄影棚的老板和我们签订了一个长期的合同，他几年内都不会退租。每一年我们公司都因为这个转租的库房，税后多赚 50 万元。

在传统的思维模式下，将不需要的库房退租是十分普遍的做法，但是能想到将这个库房转租出去就是出奇制胜，可以通过转租库房将公司的资产盘活。在商界有一句著名的话：这个世界从来没有"垃圾"，"垃圾"只是被放错了地方的资源。

### ❷ 扩宽广度：通用技能

通用技能是指非某一工作特定的，而是对所有工作、教育和生活都十分重要的技能，包括外语、软件操作能力、结合职业横向发展的其他能力等。你具备越多的通用技能，你的自身价值也就越高，你这件"产品"与别人相比也就越具备差异化特征。

#### （1）外语

外语，即非本国人使用的语言。目前世界上使用范围最广的语言是英语，不少中国儿童从小就开始学习英语。

2019 年 12 月 30 日，教育部颁发的《教育部 2020 年普通高等学校招生工作规定》中的第十七条规定：全国统考科目中的外语分英语、俄语、日语、法语、德语、西班牙语 6 个语种，由考生任选其中一个语种参加考试。

以上提到的 6 种外语都是使用人数较多的语言，大家可以根据自己的实际需求选择一门语言进行学习。在全球化的大趋势下，精通一门外语能够为我们个人职业发展带来更多的机会。

**如果你精通英语，甚至可以将其作为工作语言。那么，当跨国公司招聘员工，或者你的公司准备在海外发展时，你就会比没有这项英语技能的人，更容易被选择上岗。**

掌握一门外语不仅能够更直接、更有效地与全球各地的合作伙伴进行沟通和交流，还能帮助我们更好地理解当地的文化背景，避免因为文化差异与合作伙伴产生冲突。

（2）软件操作能力

财务工作中涉及的软件较多，其中比较常用的专业软件为：Microsoft Excel（Excel）、Microsoft Office Word（Word）、Microsoft Office PowerPoint（PPT）、金蝶软件、用友软件、SAP<sup>⊖</sup>、Oracle<sup>⊖</sup> 等。

我们应该通过不断学习和实践，提高自己的软件操作能力

---

⊖　SAP，全名为 System Applications and Products，属于 ERP 软件，是 SAP
　　公司（总部位于德国沃尔夫多市）的产品——企业管理解决方案的软件名称。

⊖　Oracle，甲骨文（Oracle）公司的产品，属于 ERP 软件。Oracle 公司的总部
　　位于美国加利福尼亚州。

和财务专业素养，保障工作的准确度、提高我们的工作效率，为公司创造更大的价值。

（3）结合职业横向拓展的其他能力

对于财务人员而言，结合职业横向扩展意味着你不仅需要精通财务领域的专业知识，还需要对其他相关领域有所了解。这可以帮助我们逐渐扩宽个人的知识和技能领域，为后期职业发展打下坚实的基础。

例如，财务人员可以了解业务、人力资源相关的知识，以便更好地理解公司的运营模式和盈利机制，准确地评估公司的财务状况和风险，为公司的战略决策提供有力支持；还可以通过了解公司的组织结构和人员配置，优化成本控制和预算规划。

## 1.3.2 如何学习提升

在职场中，我们想要通过升级自己的技能来打造职场硬实力，就需要进行持续学习。

沃伦·巴菲特（Warren E. Buffett）被誉为"股神"，他从小就喜欢阅读和学习，对投资和经济有着浓厚的兴趣。

成年后，他在格雷厄姆⊖的门下继续进行学习，获得了丰

---

⊖ 格雷厄姆（Benjamin Graham，1894—1976），英国人，证券分析师。他享有"华尔街教父"的美誉。代表作品有《证券分析》《聪明的投资者》等。

富的知识。并且，他经常花费大量时间研究公司财务报告和行业趋势，借此提升自己的投资技能。正是这种对学习的坚持，使他在投资领域取得了举世瞩目的成就。

无论是专业技能还是通用技能，都不是与生俱来的，而是后天不懈努力的成果。就算你在某一个领域拥有过人的天赋，也仍需通过持之以恒的学习才能实现更大的飞跃和突破。

我们应结合自己的职业需求，努力提升我们的技能，在人生地图上强化深度、拓宽广度，不断提高自己的综合素质和能力水平。

### 1. 通过练习成为高手

马尔科姆·格拉德威尔（Malcolm T. Gladwell）在《异类》（*Outliers：The Story of Success*）一书中提出了"一万个小时定律"：天才不是天生的，我们可以通过"一万个小时"的练习成为一名天才。

这一观点其实和"勤能补拙"在理念上是相通的，二者都强调了后天努力的重要性。而鲁迅先生也说过相似的观点："哪里有天才，我只是把别人喝咖啡的工夫用在了工作上罢了。"

即使一个人没有优越的先天条件，只要他愿意在后天付出足够的时间和努力，也能在某个领域达到精通的程度。

人的一天有 24 小时，假如 8 个小时工作，8 个小时睡眠，那么剩下的 8 个小时将是最重要的。如果你把这 8 个小时用于打麻将，你可能是个麻将高手。如果你把这 8 个小时用于健身，你可能是个健身达人。如果你把这 8 个小时用来学习财务知识，那么恭喜你，你可能会成为一个财务高手。

所以，我们想要在理论知识、实操能力、软件操作能力、外语学习等方面取得突破，可以使用以下四个方法进行练习。

（1）进行大量的重复性练习

《卖油翁》中的老翁之所以可以练就一手纯熟的酌油技术，凭借的正是"无他，但手熟尔"，即熟能生巧。

进行长时间的专注练习不仅有助于提升技能，还能帮助个人深化对知识的理解和把握。并且可以形成肌肉记忆，提高操作效率。

（2）在学习区内进行练习

在进行练习时，仅投入大量的时间是远远不够的，还需要有针对性地进行训练。

心理学家将人的知识和技能分为层层嵌套的三个圆形区域：最内一层是"舒适区"，指的是我们已经熟练掌握的各种技能；中间一层是"学习区"，是现阶段最适合我们学习的技能；最外一层是"恐慌区"，是我们暂时无法学会的技能。见图 1-2。

我们必须要待在学习区内进行练习，才能获得有效的进步。只是在学习区学习的感受可能并不是那么美好，会有焦虑感，需要打破一些固有的思维，这便会引起不适。就好像你刚从学校步入社会，你觉得自己什么都不懂，不懂得社交，虽有理论知识但是实战技能欠缺，所以进入社会后，大学生们往往会有力不从心的感觉。

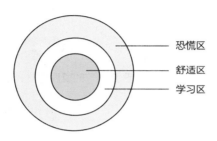

恐慌区
舒适区
学习区

**图 1-2 学习的三个阶段分区图**

可是当你慢慢掌握了且驾轻就熟了，就又回到舒适区了，这代表着你需要继续进入新的学习区。如果一直待在舒适区，重复练习已经掌握的技能，就会阻碍我们学习新技能；而直接挑战恐慌区，则容易让我们产生"厌学"的情绪，并可能会诱发"放弃"的情绪。

（3）更高效的练习方法：将知识进行关联

我们新学习的知识点是孤立的，而孤立的知识点就像沙粒，只有关联才能将其聚沙成塔，形成稳固的知识晶体<sup>⊖</sup>（见图 1-3）。

---

⊖ 周岭. 认知觉醒：开启自我改变的原动力 [M]. 北京：人民邮电出版社，2020：106-107.

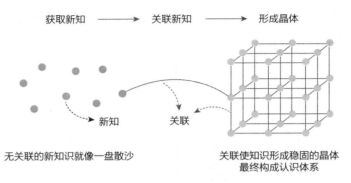

图 1-3　关联是学习的重要环节

关联学习不仅有助于我们更快地理解和掌握知识，还能加深我们对知识点的记忆和应用能力。当我们将不同的知识点相互联系起来，形成一个完整的知识网络后，我们就能更全面地理解这个领域，并灵活运用所学知识解决实际问题。

（4）保障练习有效性：随时获得反馈

当局者迷，旁观者清，我们需要一个旁观者来指正我们注意不到的错误。旁观者给予的反馈意见可以帮助我们了解自己在练习中的表现及存在的问题。

假如我们是在训练营内与其他学员共同进行训练，那么我们可以与其他学员相互监督，了解彼此的学习进度。并及时与导师或者教练沟通交流，发现自己的不足之处，及时做出改变。

当我们在练习的过程中无法获得他人的帮助时，也可以借助现代科技手段。比如，通过录像设备记录自己的练习过程或数据，然后通过对比分析不同时间节点的练习成果，评估自己的练习效果和进步情况。

### ❷ 如何成为能解决问题的人

大多数人都知道快速掌握一门技能的方法是努力练习。而解决问题的能力与之不同，它是一种思考方式、思维方法，很难通过高强度的练习来习得。

但是，我们可以先通过学会多元思考、提高想法的数量和质量来成为一个能够解决问题的人。

#### （1）学会多元思考

"多元思考"是一种非常有效的思维方式，是指当我们在面对问题时，需要从不同的角度进行分析，创造复数的解决可能性。弗朗斯·约翰松（Frans Johansson）在《思维不设限》一书中提出："多元思考是解决问题的最佳选择。"

在现代社会中，我们所面临的问题往往具有高度的复杂性和多样性，很难用单一的思维方式或方法来解决。因此，拥有多元思考的能力，能够帮助我们更好地应对这些挑战，找到更有效的解决方案。

#### （2）提高想法的数量和质量

想要提高多元思考解决问题的成功率，就需要提高想法的质量和数量。

我们在日常生活中，应广泛学习累积知识，为多元思考提供知识支撑；或者可以和众人进行头脑风暴，产生新的想法和解决方案。 在思考过程中，我们还需要对自己的想法进行反思和总结，避免在汇总方法时出现一些质量不高的内容。

# 1.4
## 如何打造自己的软实力

软实力指的是非技术性的、非硬性的能力，它是一种精神力量，也是一种对职场发展至关重要的能力素质，见表 1-2。

表 1-2　软实力的分类

| 自省 | 敬畏心 | 保持情绪稳定 |
|---|---|---|
| 自驱 | 勇敢接受挑战 | 与众不同 |
| 自洽 | 遇到错误尽量不解释 | 灵活性 |

职场人可以通过对自身意识能动性、突发情况应对能力与自我控制能力、个人特质进行深入剖析，并进行有针对性的锻炼，打造个人软实力。

### 1.4.1　发挥意识能动性

意识能动性是软实力的核心要素之一。它指的是个体能够主动地思考、判断和行动，而不是被动地接受外界的影响。在职场中，具备高度意识能动性的员工能够主动寻找解决问题的方法和机会，不断挑战自我，实现个人和组织的共同成长。

我们想要在职场中充分发挥意识能动性，就需要学会自省、唤醒个人自驱力、并学会自洽。

### ① 学会自省

自省指的是回顾自己的失败中需要总结的经验，哪里做得好，哪里做得不好，下次如果碰到同样的情形，应该如何成功地解决问题。通过自省，我们不仅可以了解自己的思维、行为模式，还能发现自己的优点与不足之处。切忌怨天尤人，总是抱怨别人或者客观环境，这样是无法成长的。

### （1）放大优势

当我们发现自己的优势后，应通过深入学习、锻炼相关技能来放大自己的优势，提升个人竞争力。

**职场案例**

#### 如何成为被大家喜欢的财务老师

自省：发现自己的优势并扩大优势

①个人职业履历很丰富，观点有深度

我不仅做过全球排名前四位的会计师事务所的审计师，还担任过世界 500 强跨国公司的财务部门负责人，自己也创业当过老板。我在讲财务知识时，通常会从多个角度进行分析，比如老板的角度、审计的角度，还有财务管理的角度。这让我的内容比其他的财务老师更有深度，这便是我的硬实力。

②拥有讲故事的天赋

我讲故事的能力比其他讲师更突出。所以，我在讲财务管理知识的时候经常会引入大量案例，或者是通过讲故事把一些复杂的财务原理变得更简洁易懂。这是我的软实力。

### （2）改进不足之处

人非圣贤，孰能无过。每个人或多或少都会有一些缺陷或者不足之处。最重要的是及时发现，进行改进。

假如我们在短期内无法改进不足之处，可以先使用权宜之计，将其隐藏起来，避免它暴露于人前，成为我们的软肋。假设你的缺点是情绪比较容易暴躁，那么当你察觉到情绪开始大幅度波动后，就要马上克制住，或者是通过其他途径疏导情绪。

职场案例

#### 如何成为被大家喜欢的财务老师

自省：发现自己的不足，先隐藏后改变。

因为我之前长期做管理者，所以有的时候说话容易强势，习惯性地直接给员工答案和结论。这恰恰是做老师的大忌。因此，我在线上直播间或者线下授课的时候，时刻提醒自己现在是一名老师，对所有的粉丝提问，甚至是碰到黑粉，都要学会赞美和引导。

隐藏缺点可以让我们在短期内避免一些问题，但这并不是真正的解决之法。我们必须勇敢面对自己的缺点，努力进行改进。对他人的真实反馈和建议则应采取开放的心态，以客观的眼光看待这些建议，有则改之、无则加勉。

### （3）行动是自省的延伸

当我们通过自省认识到自己的某个缺点时，可以通过具体的行动来纠正这个缺点。

如果仅仅是完成自省，没有落实到行动上，那就是纸上谈兵，对个人的发展起不到实质性的作用。我们只有通过实践，才能验证自省中的认知是否准确，才能评估自己的改进是否有效。

### 2. 唤醒个人自驱力

职场中的自驱力是指员工在工作过程中展现出来的主动、积极、自我驱动的能力。在自驱力驱动下工作的员工，他们对待工作的态度通常是百分之百地投入，并且能主动寻找提升工作效果的方法和途径。

**职场案例**

#### 缺乏自驱力导致个人发展停滞不前

小管是一家大型公司的在职员工。他在工作中一直表现平平，总是按照固定的流程和模式完成任务，从未主动思考过如何优化工作流程或提高工作效率。当遇到一些需要挑战和创新的项目，他就会选择敬而远之。

因此，小管在同一个岗位上干了很多年。眼看升职无望，小管决定辞职，尝试自己创业。

然而，小管的创业之路也走得异常艰难。因为他在运营自己的公司时，仍旧保持自己上班时的作风，这种作风已经融入了他的血液，做一天和尚撞一天钟，缺乏自驱力和创新精神。并且，小管认为敢于创新的员工是异想天开，甚至对这些员工进行打压。

因此，小管的公司一直在原地踏步，无法取得突破性的进展，最终公司破产倒闭了。

## 案例分析

小管的例子告诉我们，自驱力是推动个人不断进步、追求卓越的关键动力，而野心则是激发你不断超越自我、实现更大成就的内在力量。人总是被自身的恐惧打败，被安逸的现实打败，假设你没有对未来的渴望，就难以在职场中取得显著的成绩，更无法实现创业梦想。

唤醒个人自驱力是一个持续性的过程，我们需要先明确个人的短期目标、中期目标和长期目标，拟定人生战略，再深化内在动力，并保持积极向上的心态，勇敢地寻求挑战。

### （1）工作中，警惕"岁月静好"陷阱

有一部分职场人喜欢给自己建立"岁月静好"的人设，用"坐看云卷云舒，静听花开花落"的态度来对待工作和生活。

其实，以这种心态对标"生活"，是一种非常美妙的态度，静静地看着雪花从天空落下，发出簌簌的声音，体会这个世界带给你的善意。

但是，假如你渴望在职场中有所作为，用这种心态对标工作和财富，那么，这种无欲无求的态度就会成为你前进道路上的阻碍。因此，一定要明确自己想要对标的是什么，是生活还是工作，是修行还是财富。

### （2）明确个人目标，深化内在动力

自驱力其实就是一种向上的动力，无论是在工作还是生活中，我们都应保持对个人发展的热情和追求。这就是我们所说的"野心"。

结合个人实际情况，设定一个清晰、具体、可量化的目标，比如，今年攒下 10 万元的存款。并认真思考，找出那些能够激发你热情和动力的事情，看它们是否可以给你带来有形或者无形的价值提升。

### ③ 学会自洽

"自洽力"是指个体通过努力，使自己的思想、内心情感和实际行动达到内在逻辑一致。

我们在生活中遇见一些无法称心如意的事情时，总是容易感到气馁。但是拥有自洽力的人往往不会将其放在心上，能够迅速调整心态，以平和的态度面对这些挫折。因为面对失败，

他们的想法是：这么做虽然会导致失败，但是也能提升我的经验和认知。感谢这些失败的经验让我获得成长。

我们可以通过小李登山的例子，了解自洽力的妙用。

在一个阳光明媚的周末，小李带着满满的期待和兴奋，踏上了通往山顶的蜿蜒小路。他决心挑战自己的极限，在短时间内攀登到山顶。

然而，随着海拔的逐渐升高，山路越发陡峭。小李渐渐感到体力不支，每一步都似乎要耗尽他所有的力气，登顶的希望逐渐渺茫，小李的心中不禁涌起一丝失落。

但是小李很快又打起精神，他告诉自己，虽然无法登顶，但沿途的风景同样美不胜收。他决定放慢脚步，细细品味这一路走来的风景，感受大自然的恩赐。

小李最终还是没有登上山顶，但他并未感到遗憾，因为他明白真正的美丽并不在于目的地，而在于过程中的体验与感悟。

所以我们应该学会自洽，它不仅可以让我们在面对困境时保持内心的平静与和谐，还可以帮助我们更积极地应对生活、职场中的挑战。

当遇到挫折、困境或失败时，拥有自洽力的人能够迅速恢复，重新找到内心的平衡和力量。他们不会轻易被外界环境所左右，而是能够坚定自己的信念和价值观，保持内心的稳定与和谐。

### ❹ 如何拥有"自洽力"

#### （1）深化自我认知

"自洽力"是建立在自我认知的基础上的。我们需要明白，生存在这个世界上的每个人都会面对同样的环境，都要面对这样那样的烦恼，要学会接受这个世界给予我们的一切：成功、失败，快乐、悲伤、刺激与无聊。

#### （2）培养逻辑思维能力

逻辑思维能力是对"自洽力"运行的补充方式。我们可以通过学习批判性思考和结构化思考来培养逻辑思维能力。

学会批判性思考：我们不能人云亦云，而是要学会质疑和评估所有信息、观点和论据的合理性，通过自己的逻辑思考来评估其真实性和可信度。

学会结构化思考：将复杂的问题分解成更小的部分，然后逐一分析和解决。这种方法可以帮助我们更好地理解和应对复杂问题，避免因为问题过于复杂而陷入混乱。

#### （3）保持开放的心态

开放的心态是"自洽力"的核心。我们应保持开放的心态，接受不同的观点和意见，打开视野，增强自洽力。

除此之外，我们还要学会接纳自己的缺陷和不足，因为缺点也可能是我们的优点。

比如，我是一个脾气急躁的人，但是往往这样的人责任心会非常强，有行动力，做事情想要一个完美的结果。有的人有拖延症，但其实他可能只是表面上看有拖延症，实则他内心在做谋划和安排，在权衡利弊，谋划全局。有的人做事情三分钟热度，但他可能是一个勇于接受新鲜事物，对世界永远保持好奇心的人。做事没有计划性的人，往往是能够随机应变，执行能力很强的人；等等。我就不在这里一一列举了。

## 1.4.2 积极应对与自我控制

积极应对与自我控制都属于个体解决问题的方式，是软实力的重要表现形式。

积极应对意味着个体在面对问题时能够保持积极的心态，主动迎难而上，并寻找解决方案，而不是消极应付或逃避问题。

自我控制是指个体在面对压力或挑战时，能够保持理智，情绪稳定而不被外界因素干扰。

这两种能力能够帮助职场人在遇到挫折或困难时迅速调整自己的状态，采取有效的措施来解决问题，保持高效的工作状态。

### 1. 保持情绪稳定

在职场中，保持情绪稳定是一种重要的能力。情绪稳定的员工往往更能够发挥出自己的潜力，带领团队走向成功。

因此，我们不仅要提升自己的专业能力，还要注重培养自己的情绪管理能力，成为老板更愿意信赖和委以重任的优秀员工。

**职场案例**

### 情绪稳定的员工更容易在职场中获得机会

小李和小赵都是某知名科技公司的优秀员工。

小李拥有出色的技术能力和创新思维，曾多次在团队内部的技术竞赛中拔得头筹。而小赵的技术水平虽然相比小李来说稍显逊色，但是他无论面对多大的压力和挑战，都能保持冷静和理智。

公司最近接到了一个重要的项目，这个项目不仅技术难度高，而且时间紧迫，需要一位能够承受压力、稳定发挥的员工来担任总负责人。

老板思虑再三，最终决定选择技术能力稍逊于小李但情绪稳定的小赵作为总负责人，而小李则在项目中担任技术支持。

**案例分析**

虽然小李的技术能力无可挑剔，但老板最终还是选择了情绪更稳定的小赵作为项目的总负责人。这是因为老板深知，在面对如此重大的项目和压力时，情绪稳定的重要性不亚于技术能力。

一个情绪稳定的负责人在项目关键时刻，不会因为情绪波动导致项目出现重大偏差或失误，并且能够为团队带来信心和安全感。

（1）认识和管理情绪

首先要学会观察"情绪"。这对某些人来讲会有点难度，就是要先锻炼你的"觉知"。当你觉察到自己在发脾气，被负面情绪操控的时候，一定要把当下的事情先放一放，比如去趟卫生间，或者去楼下买一杯奶茶，其实只需要2~3分钟的时间，这些负面情绪可能就会"飘"走了。

做好情绪安抚工作。在情绪高涨时，使用深呼吸、短暂休息或者冥想等技巧来放松情绪。在情绪低落的时候，可以通过与知己或家人倾诉，令心情得到舒缓。

在这里，我想给各位读者一个小提示：当你在工作中失利了，或者被打压了，尽量不与同事倾诉，因为你的抱怨和牢骚很有可能会被传到别的同事，甚至领导的耳朵里，不利于你今后的发展。

（2）建立有效的沟通机制

在职场中，许多情绪波动往往源自沟通不畅产生的负面情绪。

因此，当我们与同事产生分歧时，应及时体会对方的想法和需求，耐心倾听他人的意见和建议。找到一个双方都可以接受的方案，通过有效的沟通减少误解和冲突，从而保持情绪的稳定。

## ❷ 勇敢接受挑战

许多职场人士在工作中都只关注自己一亩三分地的事情，不愿涉足超出自己职责范围的事务。尤其是财务人员，他们深知自身工作的重要性和敏感性，担心稍有不慎就可能给企业带来不良影响。因此，他们在工作中更倾向于保持谨慎，专注于自己的本岗位工作。

### （1）勇敢的人先享受世界

勇敢接受挑战是一种宝贵的品质。在技术日新月异、市场风云变幻的当下，职场也在发生变化。勇敢接受挑战，同时打破岗位边界，成为复合型人才，意味着我们在主动拥抱这些变化，以敏锐的洞察力捕捉其中蕴含的机遇，并迅速调整自己的方向和策略。

### （2）勇敢者的奖励

当某一项工作任务尤为艰难时，老板和领导其实也能理解员工面临的压力。不管你最终是否能在这项工作中取得成果，他们都会给予你相应的支持和理解，并对你的表现做出真实的评价。

你若能主动承担复杂而艰巨的任务，就相当于在老板和领导的心目中树立起了一个敢于担当、责任心强的正面形象，可以获得他们的信任。有更好的工作机会时，老板和领导自然会优先考虑你，将你视为值得托付的重要人选。

假如你可以出色地完成这项工作，这将成为你个人履历中浓墨重彩的一笔。在未来的职业发展中，这一成绩将成为你晋升的有力支撑，助你攀登更高的职业阶梯。

### ❸ 遇到错误尽量不解释

许多职场新人都会面临这样的困境：

当工作中出现错误或纰漏时，究竟要不要向领导和老板解释原因呢？如果选择解释，担心会被误解为推卸责任，给对方留下不专业的印象；若选择不解释，又可能让领导和老板觉得自己对工作不负责任，缺乏自我反思和改进的意愿。

其实当我们遇到这种情况时，首先要做的事情不是解释原因，解释往往只会让我们陷入一种被动辩解和自证的尴尬境地。

### （1）进行复盘

此时，真正重要的事情是进行复盘，回顾错误发生的过程，发现问题的根源。

复盘是一项极其重要的职场技能，它可以帮助我们深剖过去的工作经历，总结经验教训。通过不断地复盘，我们可以逐渐形成一套适合自己的工作方法和思路，提高自己的工作效率和质量。

（2）努力寻找解决办法

"亡羊补牢，未为迟也"，出现问题之后，我们应该勇于接受错误，并努力寻找解决问题的方法。在制定可行的解决方案后，应及时将这个方案与老板或团队成员分享，避免下次再出现相同的问题。

## 1.4.3　如何在职场中脱颖而出

想要在职场中脱颖而出，就需要展示自己的与众不同，突出个人价值，并且在工作中需要保持敬畏心和灵活性。

### 1　成为与众不同的员工

当我们在同一个货架上挑选商品的时候，往往更容易注意到那些设计更突出的商品。而在职场中也是同理，如果你和他人相比明显较为特殊，拥有某种比较出众的能力，则更容易被领导和老板注意到。

与众不同并非通过一些哗众取宠的方式来获取别人的注意力，而是在符合常规认知的基础上，展现自己独特的思考方式、解决问题的方法，或者通过独特的技能和知识创造工作成果。

我们在塑造自己与众不同的个人形象时，必须确保所有的行动和决策都严格遵循国家的法律法规。这是个人职业发展的根本保障，也是获得他人认可和尊重的前提条件。

## ❷ 在工作中保持敬畏心

心有所畏方能行有所止。当我们心怀敬畏时，才会时刻注意自己的行为和决策可能带来什么样的后果。这种意识会促使我们在行动前深思熟虑，充分考虑各种可能性和风险，从而避免盲目冲动和轻率行事。

**职场案例**

### 缺乏敬畏心的职场新人

公司今年来了一名职场新人，他不仅工作能力出众，还对工作充满热情。但是他的表达方式过于直接，经常无意识间让同事下不来台。

在一次公开会议上，这位新人因为对某个项目的看法与老板不同，就直接在会上反驳老板的观点，并毫不留情地指出了老板决策中的一些问题。

他的举动让老板感到非常尴尬和不满，并且对这位新人颇有微词，认为他刚来公司，对公司还没有深入地了解，就当众发表言论，缺乏基本的职业素养和尊重。尽管这位新人在工作中表现得依然出色，但老板开始有意无意地忽视他的贡献，不再给他安排重要的任务。

随着时间的推移，他渐渐发现自己在公司的发展受到了限制。原本有望参与的重要项目被转交给了其他同事，而晋升的机会也与他擦肩而过。

案例分析

因此，对于职场新人来说，保持敬畏心至关重要。我们需要尊重他人、遵守职业规范，同时学会用恰当的方式表达自己的观点。这样不仅能够赢得他人的尊重和信任，还能够为自己的职业发展创造更多的机会。

我们要如何在职场中保持敬畏心呢？可以从对职业的敬畏和对他人的敬畏两个方面进行分析。

（1）保持对职业的敬畏

每个职场人都应该对自己的职业保持敬畏，遵守职业道德，牢记自己的工作职责。

时刻关注相关领域的发展动态和未来趋势，不断调整自己的职业规划和发展方向，保持对职业的热情和敬畏。

（2）保持对他人的敬畏

我们需要保持敬畏的对象并非仅仅局限于上级或者老板，我们在对待合作方、客户和同事时，也需要保持敬畏。在相处过程中，要谨慎地处理与他人的关系，尊重他人的权益和感受，避免因言行不当而引发冲突和矛盾。

### 3. 实现灵活性

对于职场人来说，灵活性是一项重要的职业素养。它不仅能够帮助职场人更好地应对职场中的各种挑战和变化，并且还能够决定你是否能向上破圈，成为一名优秀的高管、企业家。

我在公司中接触过许多形形色色的人，对灵活性的重要性深有感触。

当我要求中层或者基层员工完成一项几乎不可能完成的工作时，他们往往容易受限于既有经验，直接回复我：不能。

相比之下，高层的管理者往往具备更高的灵活性思维和解决问题的能力，他们不仅会考虑问题的限制条件，还会运用自己的经验和知识，从多个角度和层面去分析和思考。当我提出要求的时候，总是能够给我多个可行的解决方案。

灵活性思维对于个人职业发展的重要性不言而喻。它不仅能够帮助我们更好地应对工作中的挑战和变化，提高我们的解决问题的能力，同时，它还能够增强我们适应能力，使我们在职场竞争能够脱颖而出。

想要在职场中拥有灵活性，就需要做好以下三点：

（1）保持开放的心态

积极面对各种变化，将其视为成长和学习的机会，而不是恐慌；敢于挑战传统思维和框架，不要拘泥于现有的工作方式，勇于提出新的想法和解决方案。

（2）学会适应和调整

根据工作环境的变化，及时调整自己的工作方式和方法；

灵活应对不同的任务和要求，能够快速切换角色和思维模式。

（3）分清孰轻孰重

应当明确任务优先级，合理地分配时间和资源。将有限的精力和时间集中在最重要的任务上，避免在不重要的事情上浪费过多的精力。在合理合法的前提下，将工作目标放在第一位，确保工作方向和实际目标保持高度一致。

综上所述，我们想在职场中打造自己的软实力，就需要从三个角度出发：

首先是个人角度，需要学会自省、自驱和自洽；其次，从老板的角度出发，他更希望看到情绪稳定、勇于接受挑战、遇到问题能正确解决的员工；最后，从职业发展的角度考虑，我们需要做到与众不同，并在工作中保持敬畏心、灵活性，才能在职场中脱颖而出。

### 内容延伸：硬实力和软实力要实现多维叠加

（1）硬实力、软实力与个人发展

硬实力是个人发展的基础，我们可以将其看成地板，它会成为托举我们向上的力量。

软实力比硬实力重要，它代表着个人发展的天花板。个体的软实力决定了我们在个人发展中能够触及的高度和视野的广度。

然而，仅有软实力而缺乏硬实力的支撑，就如同空中楼阁，虽然看似华丽，却难以稳定立足，个人发展更是无从谈起。

所以，我们必须先打造坚实的硬实力，然后在此基础上，努力拔高软实力的高度。只有软实力和硬实力相得益彰，我们才能获得稳健、长远的发展。

（2）多维叠加，产生乘数效应

一场成功的演唱会，绝不仅仅是凭借演唱者出色的演唱技巧和迷人的嗓音便能举办的。它还需借助精妙绝伦的舞美设计、歌手与观众之间的倾情互动。

这些多维度的元素相互融合、相互支撑，共同铸就了演唱会的完美与精彩。因此，看似简单的一场演唱会，实则蕴含着众多维度的精心策划与呈现，它们共同叠加，才使得整场演出达到完美的境界。

上述例子中，演唱者出色的演唱技巧和迷人的嗓音正是硬实力的体现，而精妙绝伦的舞美设计呈现的舞台效果和歌手与观众的热烈互动则属于软实力的范畴。

这二者并不是孤立的状态，而是互相融合、多维叠加，进而产生了乘数效应<sup>⊖</sup>，共同促进演唱会的成功。

---

⊖ 乘数效应是指一个变量的变化以乘数加速度方式引起最终量的增加。它在宏观经济学中的解释是，乘数效应指的是支出的变化导致经济总需求与其不成比例的变化，意指最初投资的增加所引起的一系列连锁反应会带来国民收入的数倍增加。

在实际生活中，我们也应做到硬实力和软实力的多维叠加。我们叠加的变量越多，就越有可能产生数倍的效果。

# 1.5
## 不要轻易抛弃灵活性

《周易·系辞下》有一则成语，叫"见机行事"，指察看事物的细微变化，抓住时机，采取行动。我们在生活、职场中也经常依照这个成语行事，根据实际情况调整策略，以达到更好的效果，这就是软实力中的"灵活性"。

### 1.5.1　抓住"灵活性"中的自主权

拥有"灵活性"其实不仅仅是指拥有灵活变通的思维方式，还包括个体在行动时能够保持充分的自主权。在现代的经济社会中，我们很难完全掌握自主权，经常需要因为一些客观原因而做出让步。

比如街上商家推出的一些优惠活动，其实就变相剥夺了我们的自主权，通过折扣买断了消费者的灵活性。

很多商家，比如理发店或者健身馆，为了吸引消费者进店消费，会推出年卡或者会员卡优惠套餐。它们承诺如果拥有本店的会员卡，每次消费都可以打折，并且可以直接用卡里的储蓄金额抵扣。

这种预先支付的方式确实能在一定程度上降低单次消费的成本，实际上却让消费者陷入了被动的境地。

因为一般情况下，消费者开卡后都会优先在这家店铺消费，直至将卡内的金额用完为止。他们被绑定在固定店铺进行消费，丧失了灵活性，无法到其他店铺比较选择。

并且，你已经预先进行了支付，如果店铺的服务质量在开卡期间出现问题，你可能也会因为"已经付了钱，不去就浪费了"的心态而继续消费。

最极端的情况是，你已经预付了全年的费用，但是店铺却倒闭了，这可能导致你个人面临大量的损失。因此，我是从来不充值会员卡的，不为了那小小的折扣而丧失了自己对于资金灵活性的把握。自主权是个体自由选择和掌控自身行为的关键，它可以赋予我们更多的决策权。

### ❶ 如何给自己的灵活性解绑

当人们面对未知的事物时，可能会因为陌生而产生恐惧，不敢鼓起勇气去尝试。从心理学的角度来看，这是一种"自我设限"的表现。它就像一条无形的锁链，束缚着我们的思维和行动，使我们无法充分发挥个体的灵活性。

这种"自我设限"其实是源于我们对未知的担忧和对自己能力的怀疑。实际上，当我们鼓起勇气进行尝试后，就会发现事情并没有我们想象中的那么复杂，一些预想的困难也没有发生。

因此，我们需要勇敢地走出自己的舒适区，去尝试那些新的事物和领域，充分发挥个体的灵活性。

### ❷ 如何在固有规则中保持灵活性

在一些生产型企业或金融行业的企业中，对细节和安全的要求较为严格，可能会有一些比较严格的规章制度。然而，在这样的环境中，我们仍然可以在遵守规则的前提下，保持一定的灵活性。

#### （1）在有限范围内争取更多的自主权

工作上，我们可以尝试与领导和同事进行深入的沟通，在充分理解公司的规章制度及其背后的原因后，表达自己合理的想法和需求。尽量在不违反大原则的前提下，争取到更多的工作自主权和决策权。

#### （2）尊重客观事实，灵活应变

关注外部环境和内部环境的变化，根据客观事实提出合理需求。随后，通过积极沟通来获得领导、上级的认可，保持自己的灵活性。

综上所述，我们想要在职场中捍卫自己的自主权，保持灵活性，就需要先摆脱"自我设限"，给自己的灵活性解绑；然后在尊重固有规则和客观事实的前提下，最大限度地争取自主权。

## 1.5.2　灵活性是有价值的

对于职场人来说，软实力中最重要的一项内容就是"灵活性"。只要发挥得当，灵活性可以帮助职场人创造出非凡的价值。

职场案例

### 灵活性在职场中的重要性

小连是一个公司物流部门的经理，公司之前一直与 A 物流公司合作来给客户运货。这天物流公司 B 找到了小连，给小连报出了一个非常具有竞争力的报价。而物流公司 B 在行业中的口碑要比物流公司 A 好很多，而且这个报价要比物流公司 A 的报价便宜很多。

于是小连兴冲冲地找到总经理，提出了自己的建议，换掉物流公司 A，使用物流公司 B。本来小连满怀喜悦地等待总经理的表扬，但是总经理却微笑着摇摇头，让小连再仔细思考一下解决方案。换掉物流公司 A 虽然是个解决方案，但不是最好的解决方案，因为这个方案不够灵活。

总经理最后给了小连一个他的方案，就是将物流公司 B 的报价给到物流公司 A，来看看物流公司 A 的反应。然后，再考虑下一步的方案。

果不其然，当物流公司 A 接到物流公司 B 的报价后，又报了一个更低的报价，同时还增加了一些增值服务。

虽然最终公司决定还是继续与物流公司 A 合作，但是也将部分订单给了物流公司 B。这样能够让公司在未来的选择权和决策权上更具有灵活性。

这个案例告诉我们，当企业拥有了更多的合作者时，这些合作者之间的良性竞争能够推动企业实现降本增效，有助于增强企业的核心竞争力。

（1）灵活性即适应性

一个具有灵活性的员工往往具有很强的适应性。无论是面对市场环境变化、公司政策调整还是工作任务的变动，他们都能在符合国家法律法规、公司规章制度的前提下，迅速做出反应，找到最佳解决方案。

（2）灵活性是创新的基础

灵活性也意味着员工具有创新思维和解决问题的能力。他们不拘泥于固定的模式和框架，能够打破常规，提出新的想法和解决方案。这种创新思维是推动企业持续进步和发展的重要动力，也是打败竞争对手的法宝。

（3）灵活性是企业长远发展的关键

在多变的市场环境下，企业要想稳健前行、持续发展，就必须拥有一支具备高度灵活性的员工队伍。他们可以随时根据外部市场环境的变化迅速调整工作方法和策略，保持企业在市场中的竞争力。

因此，职场人应保持灵活性和创新性，不断调整自己的策略以适应市场变化，才能在激烈的职场竞争中脱颖而出。

练就高情商
职场沟通与复杂关系应对

第 2 章
打开职场新局面

# 2.1
## 切勿新官上任三把火

### 小周的升职烦恼

小周最近刚被提拔为部门经理，他干劲十足，誓要干出一份成绩，却屡屡受挫。因为部门里面有一位叫老林的资深员工对小周升职很不服气，他觉得自己的资历比小周深，能力也不比小周差，获得升职的应该是自己，因此他不愿意配合小周的工作。

愤愤不平的老林在设计一个大项目的活动方案时，怂恿下属越过经理小周，直接将这个方案递交给总监，并理直气壮地对小周说："反正最后一个环节就是提交给总监，你看不看都没有区别。"结果可想而知，这个没有经过小周审核的活动方案漏洞百出，不仅没有通过，小周本人也因与下属配合不当被总监训斥了一顿。

案例分析

小周面临的问题，相信很多职场人也都遇到过：刚刚升职，但团队里面资历深、能力强的同事不配合工作怎么办？要不要给他一个下马威呢？

古代有一句俗语叫"新官上任三把火"，新官员上任后，常常做几件事以表现自己的才干和革除时弊的决心。说白一点，就是给人下马威，让众将心服口服。

但这其实是一个误区，我要提醒大家，新官上任切勿烧三把火！很多人会忽略"新官上任"的"新"，不管你目前是中层管理者还是高层管理者，拥有多大的权限，你都是刚提升为管理者。你在这个位置并没有坐稳，正处于观察期，尽量不搞办公室斗争，因为搞"新官上任三把火"，稍有不当很容易烧到自己。

老林之所以会给小周使绊子，是因为他觉得自己的利益受到了侵犯，一时没有调整好心态。假如小周因此直接给老林下马威，无异于火上浇油，老林可能会展开进一步的报复，或者愤而离职。

从公司利益层面来看，小周此举会直接让公司损失一个对业务熟悉且能力突出的员工，老板可能会对小周的管理能力产生怀疑。

## 2.1.1　新官上任四妙招

新官上任的时候要学会能屈能伸，该硬的时候硬，该软的时候软，这是人生智慧，也是心理的博弈。既然下马威用不得，那小周要如何收服老林呢？见图 2-1。

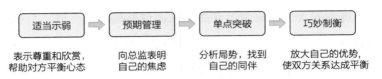

图 2-1  新官上任四妙招的应用实例

**① 适当示弱：帮助老员工平衡心态**

如果事态没有发展到需要一方离职才能解决矛盾的地步，小周可以用更缓和、有效的方式来处理问题。比如适当示弱，小周可以向老林表示尊重和欣赏，帮助他平衡心态。

但是切记不要在正式场合和老林沟通这件事情，而应该在非正式场合好好地跟老林沟通。

从老林的角度来看，他的资历深、能力强，却没有被提拔，难免心里不平衡。所以在交流的过程中，小周要帮老林解开这个心结。

比如，小周可以告诉老林："你对我们部门非常重要，部门领导之所以提拔了我，并不是因为我的能力比你强，或者我的业绩比你好，而是因为知道有你在我们的部门，就算我没有完成任务，你也可以帮我托底。"

除此之外，小周还需要表示自己对老林的尊重、欣赏，并且很期待能够继续跟他一起合作。也可以和老林多讲一讲，他在工作中对自己的帮助，表达自己的感恩之心。

### 2. 预期管理：适当提醒老板你的顾虑

预期管理，即管理你的老板或者上级的预期，事先跟他们打好招呼、做备案。假如未来你和同事之间出现了一些小的摩擦和冲突，你跟领导打过预防针了，他的心里就会有数。

在做预期管理时，切记不能指责矛盾的另一方或者说对方的不好，应当肯定对方的优势，否则容易被老板误认为你嫉贤妒能，爱打小报告。

如果你还是不理解应当如何做的话，可以参考以下的说法：

"我刚刚被提拔，目前和这位同事在工作配合上可能会出现一些小摩擦，但是我会尽量让磨合期缩短，跟他打好配合，请领导放心。但是如果出现某些小小的冲突，也希望领导能够理解。"

小周和老林本次冲突中出现的上级是总监，小周可以和总监简要说明一下活动方案出现问题的原因，并且表明自己的焦虑和矛盾点。希望下次再遇到这种情况，总监可以把策划案退给老林，并且告知老林不要越级汇报，按照流程一步一步走，形成规范化的汇报流程，保证工作的质量。

### 3 单点突破：掌握团队中的话语权

什么叫单点突破？就是迅速在团队中找到自己的伙伴，掌握团队中的话语权。

如果你在这个公司已经工作了一段时间，肯定清楚部门里哪些同事的工作能力强、工作配合度高，请记住一定要争取这些人的信任、支持，把他们变成你最忠实的拥趸，这样的话才能完全掌握部门里的话语权。否则你就会成为一个光杆司令，陷入手下无人可用的困局，彻底失去把握部门节奏的机会。

在此期间，小周还要尽快找到一个可以替换老林的人，比如在部门里面扶植一个水平和他差不多的人；或者是通过对外招聘，迅速找到一个能够达到老林水平的员工。这样的话，老林在团队中就不再是无可替代的。

### 4 巧妙制衡：分析各自优劣势

#### （1）分析双方优势

《孙子兵法》有云："知己知彼，百战不殆。"想要在职场立于不败之地，你就要足够了解自己和你的竞争对手。最好可以列一个表格，将双方的各项优劣势都记录下来，再进行对比分析，随后努力扩大自己的优势使双方的关系达到平衡，见表2-1。

表 2-1　双方能力对比分析图

| 能力 | 小周 | 老林 | 对比分析 |
|------|------|------|----------|
| A |  |  |  |
| B |  |  |  |
| C |  |  |  |
| D |  |  |  |

（2）从老板的角度看问题：找到自己的最大优势

这场博弈中最重要的其实是，不能忽视拥有最高话语权的第三方——老板，他掌握着你的"生死大权"。

许多人在升职后，第一时间想的是怎么在这个岗位上做出一番大事业，却未考虑到老板为什么在众多员工中选择提拔我？他想让我在这个位置上发挥什么样的作用？小周应当结合表 2-1 的内容进行思考，找到自己在老板眼中的最大优势。

比如小周和老林的工作能力都很突出，但是小周的情绪管理能力非常强，老林的情绪比较不稳定，遇到事情较容易激动。老板正是看到了小周的这个优势，才决定提拔小周带领团队，希望他可以和老林打好配合。

小周应该继续保持这个优势，争取老林的支持，维系好团队的运作。一旦小周摒弃了自己的优势，双方关系就可能会失衡，这也意味着小周无法在这个岗位上起到老板预期的作用，会面临被换掉的结局。

## 2.1.2 "新官"试用期三大锦囊

除了管理团队成员，"新官上任"还会遭遇诸多挑战和难题。为了帮助大家更好地适应新角色、少走弯路，我在这里将"新官"试用期的三大锦囊传授给大家。

### ① 不要急于立威

新官上任，自然希望能够迅速树立权威，展现自己的领导才能。然而，急于追求立威，可能会引发团队成员的反感，甚至造成团队内部的不稳定。

因此，新官应先深入了解团队环境，熟悉每个成员的特点和习惯，做到知己知彼。在此基础上，通过有效的沟通和协作，逐渐建立起自己的权威和影响力。

### ② 不要急于立功

每位新任领导者或多或少都曾幻想可以在短时间内大显身手，让业绩飙升，从而证明自己的非凡才能和无可估量的价值。但这样的想法并不可取，因为它容易让人急躁、冒进，陷入"好大喜功"的陷阱，最终可能导致满盘皆输。

正确的做法是谋定而后动，先经过充分的调研和思考，再制定一个合理的目标，并结合团队成员的特点分配工作，有条不紊地推进工作计划，保证每一步都稳健而有力。

### ❸　不要急于立标

"标"指的是"标兵"，即团队中优秀的工作人员。在上文提到的故事中，团队内已经有了"标兵"老林，小周在短期内就不要急着立新的标兵替换老林。

假如你这样做的话，老板会质疑你的管理能力，认为你是在打压另一个功臣；同时，也可能导致团队内部矛盾发生。不管你选择提拔哪位员工，都有可能造成新的"小周"和"老林"出现。

"新官"应密切关注团队成员的成长和发展，逐步建立一个稳定和强大的团队，为即将到来的困难和挑战储备有生力量。小周正确的做法是准备"back up"，即在团队中慢慢培养自己的人才，将其作为老林的备份人员。预防将来老林给你使绊子或者故意阻挠你的时候，工作无法顺利完成。

总之，作为新上任的领导，在试用期不要急于立威、立功和立标，应当通过深入了解团队环境、设定合理目标、培养后备人才等方式，逐步建立起自己的权威和影响力。只有这样，才能更好地应对挑战和难题，带领团队走向成功。

## 2.1.3　何时可以烧"三把火"

前面我已经说了"新官上任切勿烧三把火"，如果你一上来就烧三把火——进行重大的改革，很容易触动既得利益者的敏感神经，引发团队内部的矛盾和冲突，最终可能导致自己被迫离职。为了避免这种情况的发生，你必须在这个职位上坐稳了以后，才可以慢慢地进行改革。

### ❶ "三把火"的时间期限

要如何衡量职位是否已经坐稳了呢？我们可以给自己设定一个目标期限，为期三个月到半年。

度过了这个时间期限以后，你就可以循序渐进地进行一些改革。因为此时你在团队里已经有了坚实的群众基础，团队成员们较之前更加愿意支持、配合你的决策，老板也会尽可能地给你提供必要的资源和帮助。

### ❷ "三把火"的先决条件

想要进行改革，必须要有适合改革的土壤，老板的支持和团队成员的配合都缺一不可。

① 如何争取老板的支持

优先完成老板对你的预期目标，将他对你的满意度、信任值拉满。

② 如何建立一个高配合度的团队

在团队里建立起自己的权威和影响力。了解团队成员的期望和需求，并在工作中尽量满足他们的合理需求，争取团队成员的支持。

③ 老板的信任和团队成员的配合二者缺一不可

这二者之间存在密切的关系，可以视为一个互动和循环的过程，见图 2-2。

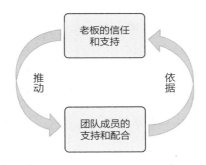

图 2-2　新领导获取团队成员的支持和配合与老板的信任和
支持之间的关系

当老板给予新领导充分的信任和支持时，会对团队成员产生积极的影响，激发他们对新领导的信任和尊重。反之亦然，如果团队成员对新领导持怀疑态度或者缺乏配合意愿，也可能会影响老板对新领导的看法和态度，导致老板对新领导的支持和信任减少。

新领导必须同时拥有这两种支持，才能更好地履行职责，进而推动团队的发展和进步。

## 2.2
## 单点突破，把握部门的节奏

我常常收到这样的问题：

"分任务时下属老是讨价还价该怎么办？""上面给压力，下面又不配合，我要怎么做？""每天要帮下属解决无数问题，为什么升职了反而比之前累呢？"

其实分配任务时遇到下属讨价还价、不配合是常见情况，许多新领导在初上任时都会遇到类似的问题，关键在于如何妥善处理。

这就涉及前文中提到的"单点突破"，即迅速在团队中找到与自己理念相投、愿意跟随自己的伙伴，这样就能在关键时刻得到他们的支持，进而在团队中掌握自己的话语权。

想要在部门内进行单点突破，就需要进行四步走，见图 2-3。

图 2-3　单点突破的四步走

## 2.2.1 事先布局：树立标杆或标兵

### 1 什么是事先布局

事先布局指的是新领导在上任后尽快在部门内树立自己的标杆或者标兵。不管你是在原就职企业升职，还是空降到一个公司、集团成为新的高管，你都一定要花 3 个月或者半年的时间在部门内找到自己的标杆或者标兵，也就是可以执行你的指令的人。

因为在进行部门管理时，如果你没有可信任的团队成员，那就意味着你在团队中是孤立无援的，将很难掌握团队中的话语权。在你分配任务时，部门成员容易抱成一团，对工作进行推诿。而事先布局可以帮助你规避这些潜在的风险和问题。

### 2 如何树立标杆或标兵

应深入了解团队成员的背景、能力、特长和性格，准确评估每个成员的优劣势，进行合理的岗位分配和工作安排。并在其中选取 1~2 人作为你的标杆或标兵。这样一来，在分配任务时，你的标兵就会替你去推动这个任务的完成，团队整体风气也会变好。

具体如何树立标兵，我用自身的经验给大家举个例子。

① 工作层面

在 20 多年的职业生涯中，我经常空降到世界 500 强企业或者是上市公司当管理者。这些公司的试用期通常是 2~3 个月的时间，我每次都会抓住这个时间，在公司里面寻找标杆或标兵，并对他们的专业知识、执行能力、职业道德和品行进行考察。

考察结束后，我会通过对其职务、薪资的提升或者工作内容的支持，把他们扶植起来，比如把一些核心的工作内容转给他们，并升职加薪。

② 情感层面

除此之外，你还需要和标兵"谈情"，因为真情才是最打动人心的，你想要他成为你的合作者，仅有物质条件是不够的。具体怎么谈呢？

第一，情感上多跟他交流，了解他的家庭、三观、思想。

第二，在日常工作中多给他帮助，比如将一些专业知识、专业技巧传授给他，或者提供实际工作中的指导，让他能在和你工作时获得实质性的进步和成长。这样一来，对方就会对你心悦诚服，一定愿意成为你的标兵。

第三，如果他在工作中取得成绩，要给予鼓励。不一定升职加薪，也可以是一顿工作餐，或者是一场演唱会的门票，都能够体现出足够的体贴。

### 3. 培养"带刀侍卫"

领导者在管理时并不需要事必躬亲，而是应该适当地授权，让下属独立去完成某些任务。

尤其是在一些规模较大的集团任职时，更需要谨记这一点。大家可以参考以下的案例，学习如何培养"带刀侍卫"。

我曾经在一家规模很大的集团担任财务负责人，集团下属有 38 家子公司，仅按一家公司 1 个财务经理、1 个财务主管、1 个出纳来算，总计也有 100 多个财务人员，团队非常庞大。

我刚上任，就面临两个很严峻的问题。

财务团队过于庞大，我无法追踪每个人的工作进度，很难保证他们能按时、按质完成我下达的所有指令。

这些会计财务人员大多是之前的 CFO 招聘的，他们很多人并不了解我，甚至可能对我的工作能力持怀疑态度。在这种情况下，要赢得他们的支持并管理整个团队，是一项艰难的挑战。

在这种情况下，树立标兵已经无法起到太大的作用，因为这需要大量时间，必须改变策略——我在公司里找了两个有经验、有管理能力的男同事做我的"带刀侍卫"。这两个人的专业能力很强，平时我主要交给他们一些外联的工作，包括但不限于跟审计和评估师打交道、跑税务、跑银行等这些比较弹性的工作。

但"带刀侍卫"的特别之处是"带刀"，即拥有生杀予夺的大权。当 38 家子公司中有哪家的财务经理不配合工作或者在工作中出现重大事故时，我便把"带刀侍卫"派下去充当"巡查大员"。

一旦发现子公司的财务经理有重大问题，"带刀侍卫"会向我进行汇报，并拿出相关证据，有必要的话我可能还会去现场进行核实。

如果真的确定了有重大问题，我会授权给"带刀侍卫"把子公司的财务经理开除或者是降级，并留下来接管他们的工作，重新组建当地的财务班底，直到一两年以后，他们完成任务，培训出来新的合格的财务经理后，再回到总部。

在此必须要申明，我之所以选择男性作为"带刀侍卫"，主要是考虑到当时团队内许多女性在成家后，因为家庭和孩子的牵绊，较难接受长达 1~2 年的外派任务。

实际上在确认"带刀侍卫"人选时，应基于能力、经验、潜力和个人意愿等多方面因素综合考虑，性别并不属于考量的标准。

综上，当你想做好一个大集团的高管，就要学会培养"带刀侍卫"，向下属授权，避免事事亲力亲为；而在小公司担任领导，则需要在团队里面培养具有拼搏精神和执行力的标兵，他们能在团队中起到表率的作用。

然而，不管你是身处大集团还是小公司，都需要事先进行布局，一旦掌握了其要领，许多潜在的问题和困难都能够迎刃而解。

## 2.2.2　盘点资源：对人的分析

**1** 为什么要进行资源盘点

"工欲善其事，必先利其器。"作为一名管理者，我们在推进重大的工作项目前，必须对手头的资源进行盘点。

每个团队里面最宝贵的资源就是人力资源，团队中的每一个成员都是推动项目前进的关键力量。因此，管理者必须深入了解团队的每一个成员，即盘点自己的兵——每个团队成员分别有什么技能、经验和潜力。

通过盘点资源，我们可以更加精准地分配任务，确保每个人都能够在最适合自己的位置上发挥最大的价值。

**2** 如何进行资源盘点

资源盘点是一个动态的过程，需要从多个角度来看待，并根据项目的进展和团队成员的特点而不断调整。

（1）从工作维度进行资源盘点

我们可以从工作维度将团队成员分为四种类型：高能力、低意愿；工作完成得一般；有能力但不自信；高能力、高意愿。见表 2-2。

①类型一：高能力、低意愿

职场上经常看到这一类员工，他们能够高效完成工作，并扮演好家庭生活中的角色。但他们的重心大部分放在生活上，

表 2-2　对四种类型员工的分析

| 四种类型 | 工作态度 | 应对指南 |
| --- | --- | --- |
| 高能力、低意愿 | 高效完成工作，主张不加班，较难接受临时性工作安排 | 给予理解，但同时也要明确，他的升职加薪机会不会太频繁 |
| 工作完成得一般 | 工作能力一般，经常推诿，哭喊工作累 | 逐渐边缘化，安排高重复、低价值工作 |
| 有能力但不自信 | 因为不自信拒绝核心任务 | 给予一定时间做心理疏导＋技术辅导，一段时间后还是没法调整就放弃他 |
| 高能力、高意愿 | 工作主动性强，并且完成度高 | 给予充分的信任和授权，让他们能够在工作中充分发挥自己的能力和创造力 |

对职业生涯发展没有那么高的追求。

比如在财务部就经常碰见这样的员工。财务部女性员工比较多，基于各种原因，比如母性的影响，或者是社会对女性的普遍要求，她们把大部分精力和时间都奉献给家庭生活，在工作上很难再保持昂扬的冲劲。

对于这类员工，我们应该给予充分的理解和支持，他们的工作效率和成果已经证明了他们的专业能力和职业素养。并且他们能够合理安排生活和工作，显示出他们出色的时间管理和自我管理能力。

因此，我们应该尊重他们的选择，不给他们过多的压力，让他们尽量保持目前的工作质量和效率。但同时需要告知他们：侧重于生活、不愿意为临时性工作加班，也就意味着他们可能会错过一些临时安排的重大工作机会，或者一定程度上会影响他们的职业发展和薪酬增长。

在职场中，帮助员工清晰地梳理出各种选择的利弊，并将最终的选择权交给员工自己，是一种很有效的管理方式。这种方式不仅能够增强员工的自主性和责任感，还能够激发员工的积极性和创造力。

② 类型二：工作完成得一般

这一类人是指工作完成得并不出彩，工作量甚至比其他人少，却经常抱怨自己的工作累的人。管理者如果不及时采取措施，任其发展，可能会影响团队里的工作氛围。

我们要解决这个问题，首先需要了解他们属于哪种情况：是消极怠工，还是力有不逮？

假如是消极怠工，我们可以尝试与他们进行深入的谈话，了解他们为什么要用这种方式来工作，根据他们的具体情况进行心理疏导。

而力有不逮则分为两种情况，无法达到过高的心理预期目标，或者缺乏必要的工作技能。在这种情况下，我们可以与这些员工一起制订明确的工作计划和目标，确保他们清楚自己的工作职责，并为他们提供相关的培训和支持，帮助他们提高工作效率。

总之，面对这一类员工，我们应该采取积极的措施来帮他们改善工作状态。因为团队是一个整体，每一个员工的状态都会影响全局。

但如果他们面对这些措施，依旧油盐不进、我行我素，那么管理者就应当将他们逐渐边缘化，安排一些高重复、低价值的工作给他们，避免影响团队整体的项目进度，然后在合适的时机进行岗位调整，优化团队整体效能。

③ 类型三：有能力但不自信

职场中有一类人，他们明明很有能力，却总是无法升职。这是因为他们对自己不自信，经常会因此拒绝接受一些核心任务，导致错失升迁的机会。

"躬身入局，挺膺负责"是指不逃避现实，主动参与到事务里面去，勇敢承担起责任，代表了一种积极的工作态度和精神。这一类人缺少的恰恰是这一种精神。

想要充分发挥这类人的主观能动性，管理者就需要多下功夫。

首先，针对他的畏难情绪做心理辅导。

其次，耐心地带他做项目，提供技术指导，帮助他攻克难题，建立自信心。

经过一段时间的双管齐下后，你可以观察一下他是否有转变，等到他表露出想在急事中"当先锋"、在难事中"挑大梁"的态度，就可以把他放到团队的第一梯队中。

④ 类型四：高能力、高意愿

高能力、高意愿的员工是管理者最乐意看到的员工。因为这类员工通常是团队中的核心力量，能够高效完成工作任务，并主动承担更多的责任和挑战。

管理者应该给予这类员工充分的信任和授权，让他们能够在工作中充分发挥自己的能力和创造力。同时，还需要为他们提供足够的发展空间和机会，让他们能够不断学习和成长，实现自己的职业价值。

然而，这类员工有时候会因对工作的投入过多，忽视了自己的身体健康。在这种情况下，管理者应当积极采取措施，帮助这些员工实现工作与生活的平衡。

总之，对于高能力、高意愿的员工，管理者应该采取积极的措施来发挥他们的优势，让他们成为团队的中坚力量，推动团队的整体发展和进步。

### （2）从家庭维度进行盘点

除了从工作维度对团队成员进行盘点，还可以从员工的家庭维度进行盘点，然后满足员工的精神、物质需求。

比如，你的团队成员目前准备买房，有较大的经济压力，你在给他交派任务的时候，可以给予一定的物质奖励，激发他的能动性；或者是他的家庭条件很好，并没有什么经济负担，反而迫切需要获得认同，你可以在工作中适时给予肯定，满足他的成就感，激发他的积极性。

请大家记住，资源盘点是一个持续的过程，必须根据多维角度不断调整、优化，才能激发团队整体潜能，推动项目取得更加卓越的成果。

### 2.2.3　评估重要性：全面激发能动性

盘点资源完成，即意味着战前阅兵完毕，可以开始战前动员工作了。在项目初期，很多管理者忽略了容易陷入的思维误区，将任务紧急派发给员工，希望可以尽快获得成果。

但实际上，这样的做法是不明智的，越重要的项目，前期越需要谨慎对待，才能保证后期项目的质量和可持续性。因为从员工的角度来看，当他们收到时间紧急、又未标注重要性的工作时，通常会抱着快点交差的想法，随便完成。

**1 评估工作的重要性**

管理者在向员工布置任务的时候，要做的第一件事就是和他们探讨工作的重要性。要明确告诉员工，这个项目对他个人绩效、对部门和公司发展会造成什么影响。

比如，这个项目非常重要，它在你今年的业绩考核中占80%的比重。员工一听马上就能意识到这是他今年最重要的项目，一定要打起十二分精神来完成这个工作，因为这个项目不只关乎他的绩效、奖金，甚至可能影响到他的升职。

**2 激发员工的能动性**

上文提到盘点资源时，从员工家庭维度简单分析了如何通过物质奖励、精神认同来激发员工的能动性。这里，我们再着重讲一下如何通过个人价值认同来满足员工的精神价值需求。

当我无法为员工提供物质奖励时，我会向老板建议，举办员工大会表扬某个项目中的核心成员。当员工获得来自老板的肯定和认可后，对工作的成就感就会空前地高涨，使命感就会越发强烈，促使他们将更大的热情投入工作中。

## 2.2.4　分解任务：把握项目进度

当管理者仅告知员工项目的重要性、整体预期目标，却未对项目进行具体的任务分解时，员工就容易产生畏难情绪。就像各科任课老师同时给你布置了一堆作业，你不知道从哪里先下手。但是当你进行任务分解，并设定先后顺序和提交时间，比如今天先做数学、后做语文，英语作业明天再继续做，就可以有条不紊地按计划完成。

### （1）WBS 是什么

在现代大型复杂项目中，一般会涉及大量的资源，这些资源可能包括人力、物力、财力、技术等多个方面，有时候甚至是跨地域、跨部门的。在日常管理项目时，需要将任务分解得足够细致，足够清楚，才能统筹全局，安排人力和财力资源，把握项目的进度。

工作分解结构（Work Breakdown Structure，WBS）是

一个描述思路的规划和设计的工具，可以帮助管理者有效地管理项目的工作，见表 2-3。

表 2-3　工作分解结构在项目管理中的作用

| |
| --- |
| 明确和准确说明项目的范围 |
| 为各独立单元分派人员，规定这些人员的相应职责 |
| 针对各独立单元进行时间、费用和资源需要量的估算，提高时间、费用和资源估算的准确度 |
| 确定项目进度测量和控制的基准 |
| 将项目工作与项目的财务预算和财务核算联系起来 |
| 便于划分和分派责任 |
| 确定工作内容和工作顺序 |
| 估算项目整体和全过程的费用 |

WBS 跟因数分解是同样的原理，就是把一个项目按一定的原则分解，项目分解成任务，任务分解成一项项工作，再把一项项工作分配到每个人的日常活动中。即项目→任务→工作→日常活动。

我们可以借助工作分解结构的分解原则及分解方法来进行任务分解，并将每项工作都分配到相关的团队成员身上。

（2）WBS 分解原则

① 将主体目标逐步细化分解，最底层的日常活动可直接分派到个人去完成。

② 每个任务原则上要求分解到不能再细分为止。

③ 日常活动要对应到人、时间和资金投入。

（3）WBS 任务分解方法

① 采用树状结构进行分解，见图 2-4。

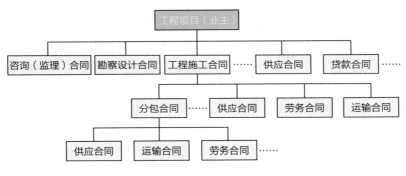

**图 2-4　以工程项目为例制作的工作分解结构图**

② 以团队为中心，进行自上而下与自下而上的充分沟通，一对一分别交流与讨论，分解单项工作。

工作分解结构拥有清晰的层级结构，不仅可以帮助管理者有效管理项目、把握关键的项目节点，还能在发现问题后快速找到并解决问题。

但是有一个变量不在工作分解结构的范围内——人心，想要把握部门的话语权、成为众望所归的管理者，就要自己抓住机会。当项目遇到风险或者挑战时，尽量为员工提供指导和支持，站出来与员工一起承担责任和风险，没有什么比同生共死、一起奋斗更能打动人心。

# 2.3
## "空降兵"如何在公司站稳脚跟

在管理中，"空降兵"指的是企业直接从外部引进的高管人员。当我们在搜索引擎中输入"职场空降兵"这个关键词，出现最多的词条是"空降兵受排挤怎么办""如何当好职场空降兵"。

其实想要当好空降兵很简单，大家只需要记住这个心法：摆正心态，满足1个人的核心需求，做好2件事，前3个月占据老板的"心智"。

### 2.3.1 摆正心态

**1. 接受不完美**

人生是无法尽善尽美的，当我们到了一家新公司后，很可能会发现它有一些不完美的地方。比如，小公司的流程制度可能不够完善，无法和大集团比拟；或者有些公司人际关系比较复杂，需要花较多时间搭建人际关系网络。

对于职场"空降兵"来说，一定要摆正心态。因为世界上没有一家公司是完美的，不要只看到公司的缺点和不足，而是多看它的优点。

同时，你应该想到公司的不足越多，你才越有机会在今后的工作中，充分发挥个人的潜力和价值，努力实现自我提升，促进个人与公司的共同发展。

### ❷ 积极适应新环境

一般情况下，大多职场人对初来乍到的"空降兵"都持保留态度，大多抱着"外来的和尚好念经"的看法。他们认为老板或领导不信任身边熟悉的人，更喜欢从外部引进员工，先入为主地给你贴标签，带着怀疑或观望的态度来看待你。

更有甚者，会期待你犯错或者表现出不适应，以此验证自己的看法。对此，无须陷入自我怀疑或焦虑，因为他们的态度并非针对你个人，而是对你的身份做出的判断。

你最好尽快摆正心态，与各个部门同级别的负责人建立良好的关系，多与团队内的成员交流，积极适应新环境。

## 2.3.2　满足 1 个人的核心需求：沟通揣摩、预期管理

当你作为一名"空降兵"进入新公司时，很容易陷入孤立无援的境地。这个时期，你所能倚仗的最大支持来自老板，因为他对你寄予了厚望。只要你能满足老板的核心需求，他就会成为你的关键盟友，最大限度地给你提供支持。

那么，如何满足老板的核心需求呢？

### ① 沟通揣摩

想要满足老板的核心需求，就需要先清楚老板的核心需求到底是什么。我们可以通过与老板的沟通，揣摩他的真实需求。

沟通的途径有很多，比如日常的交流、汇报工作、讨论问题等。在沟通过程中，要注意倾听老板的观点和意见，理解他对公司的期望和目标，以及他对你个人工作的具体要求。

并且，在这个过程中尽量保持友好的态度，对老板及时给予回应，让他感受到你的真诚。切忌逢迎谄媚，这是一种收效甚低的沟通方式，甚至会影响老板对你个人的看法。

### ② 管理好老板的预期

预期是指事先的期待。老板作为公司的所有者、高层决策人员，对企业的发展有一定期望，并希望可以借助你实现。

① 确定工作方向

我们在沟通中揣摩出老板对你的期望后，就可以此为方向明确工作重点，找到自己的定位，努力实现价值。

② 在工作中展现自己的价值

在满足老板需求的过程中，管理者可以保持自己的立场和判断，因为全盘接受老板的想法并不代表有效执行。每个人的视角和认知都是有限的，老板对于你这个执行者可能了解得并不透彻，忽略了执行者会成为实施过程中最大的变量。

作为一名"空降兵"，你可以尽量尊重老板的想法和需求，并在此基础上提出自己的观点以及解决方案，并明白地表达出在预期的执行中，可能会出现的重大困难，有哪些需要老板的资源支持，最后明确自己的价值和能为企业带来的贡献。通过沟通展示自己的专业能力和成果，让老板对你建立起信任和尊重，努力影响老板的预期，在工作中发挥更大的价值。

总结一下，"空降兵"到了新公司后，首要任务就是通过沟通揣摩、管理预期来达成老板的期望、满足其核心需求。而在与老板的相处中，则需要保持不卑不亢的态度，该否定的要否定，努力与老板建立起相互信任、尊重和真诚良好的健康关系。

### 2.3.3 做好 2 件事：了解情况、认清需求

接触一份新的工作时，你需要做好充分的准备，以便于更好地融入这家公司。假如你是以某个岗位继任人的身份空降到一家新公司，你必须了解前任离职的原因。

这个原因里面可能隐藏着老板的某些未被满足的需求，也可能是一个不可以触碰的雷区，你在后续的工作中必须特别注意。

每个人都有年少轻狂、不谙世事的时候，我也不能免俗。曾经有一家公司花了差不多两倍的市场价格邀请我担任财务总

监这一职位，我当时特别高兴，因为没有人可以拒绝一份高薪的工作。

但现实中大家遇到这种情况一定要警惕，因为当对方愿意以两倍或三倍的市场价格把你挖过去，说明这个工作可能比较棘手，或者有些常人难以达到的要求，所以才开出高薪，试图以"重赏"招聘一位"勇夫"。

到了这家公司之后，我发现之前的两任财务总监都没有通过试用，并且他们都来自知名的大企业，一位是诺基亚的前财务总监、另一位则是敦豪航空货运公司（DHL）的前财务总监。

对此我感到非常震惊，因为前两任财务总监的专业水平是毋庸置疑的，他们都未能通过这家公司的试用。我不敢打包票说自己一定比他们强，等待我的是一场未知的挑战。

经过一段时间的相处，我从其他同事的口中得知，前两任财务总监之所以未通过试用，是因为他们没有做好财务管理建议书。

这个公司有一项特别的制度，财务总监每个月都需要准备一份财务管理建议书，并在会议上向董事长、总裁、CEO和CFO汇报。公司的高层非常重视业财融合，即由财务人员对业务人员进行监督和评价，为管理人员提供决策支持。

于是，我找出了之前两任财务总监做的所有财务管理建议书，并仔细观摩。我发现他们俩的财务管理建议书有两个统一的问题：第一，篇幅过长，重点不突出；第二，使用了过多的财务专业词汇，未考虑非专业人员对内容的接受度。

找到问题后就好办了，在接下来的一个月内，我把所有的精力都放在做财务管理建议书上。

首先，深度了解企业的各项业务，到销售部、生产部、车间了解产品细节及业务的流程制度。然后进行了细致的财务分析，针对发现的各项问题写了一份财务管理建议书，内容主要包括流程、制度问题和产品库存积压问题以及相应的解决方案。我谨记前任财务总监踩过的大雷，将内容控制在 3 页内。

这份财务管理建议书获得了董事长的高度认同，我汇报完后，他马上给我鼓掌。并向总裁和 CFO 建议：这份财务管理建议书非常实用，对业务有重要的参考价值。从下个月开始，将财务管理建议书的汇报会列入公司核心会议之一，请子公司的总经理和财务负责人都来旁听。

有董事长的支持，我在这个公司一下子就站稳了脚跟，并且非常快速地建立了威信。和各个子公司的负责人也都合作得很愉快，他们也不敢对财务部门的指令敷衍了事，害怕我会将其列入每个月的财务管理建议书的汇报内容中。

简而言之，"做好 2 件事"就是需要全方位地了解情况，从公司的业务状况到前任的离职内情。并在此基础上，洞察老板的需求，确保工作方向与他的期望高度契合。

### 2.3.4  前 3 个月占据老板的"心智"

**①** 把握好前 3 个月的"蜜月期"

作为一个"空降兵"，你来到公司的前 3 个月是和你老板的蜜月期。这个时期不仅是老板最信任、支持你的时候，同时也是"空降兵"展示自己能力的关键时期。老板通常会密切关注你的工作表现，并依据你的表现来评估你的能力和价值。

在此特别提醒一下大家，3 个月内最好不要进行大的改革，至于具体的原因，本章已经详细分析过了。

**②** 如何占据老板的"心智"

不可以进行改革，那要如何在短期内做出成果，让老板看到自己的能力呢？

我们可以把重心放在"空降兵"的首要任务——满足老板的需求上，将这 3 个月当成一个考验期，全身心投入工作。不仅要努力满足老板的期望，最好还能够超出他的预期，将老板交代的任务完成到 100 分甚至是 120 分。

这一份出色的答卷能够让老板对你产生更大的信任，你在他的心中将一跃成为专业能力出众、工作态度良好的优秀员工，为你后期的职业发展奠定良好的基础。

### 2.3.5　关于是否要当"空降兵"的一点小建议

频繁跳槽的"空降兵"每一次重新出发，都需要花时间了解、熟悉新公司，无形中增加了许多时间耗能。他们也很难沉下心来修炼自己，和公司"同呼吸"、相互促进，只能借助公司平台的力量实现自己的个人发展，个人价值并未增长，薪资和职位自然也就不会有变化，带来的结果远远背离了跳槽的初衷。

因此，从职业发展、规划的角度出发，不建议大家频繁跳槽，成为"空降兵"。如果发现好的平台、老板时，务必抓住机会，将自己的价值最大化。

# 2.4
## 凭什么你能来管我

有资历的员工通常更容易获得领导、同事的信任和尊重，也更容易在团队中发挥自己的作用，这些"老臣子"是团队中的识途老马，必要时甚至可以充当团队的主心骨。

而正是因为这种强烈的自我认同，当"老臣子"认为自己的付出没有得到相应的回报时，比如经济收益或职业发展受阻，他们更容易滋生不满的情绪，甚至在团队中造成不良影响。

当我们在职场中遇到不服管的"老臣子"时，应当如何处理呢？是真诚感化，还是直接武力征服？大家可以在下面这个案例中找到答案。

## 2.4.1 空降到公司任高管后，"老臣子"拒绝交接

我曾经被猎头挖到一家公司当财务负责人。这家公司是生产销售型企业，所以成本核算<sup>⊖</sup>就是财务核算里最重要的一个核心内容。作为这家公司的财务负责人，我必须掌握这个核心内容。

而在我来之前，这家公司财务负责人的工作是由一位 40 岁左右的女同事在代管，包括成本核算、整个财务团队的招聘和搭建。

于是，我把这位代管负责人叫到我的办公室来了解部门情况，在聊到公司的财务战略和业务时，她还算配合。当涉及财务核算的核心——成本核算后，她就开始顾左右而言他。

---

⊖ 成本核算是指将企业在生产经营过程中发生的各种耗费按照一定的对象进行分配和归集，以计算总成本和单位成本。成本核算对于企业的成本预测和经营决策等存在直接影响，里面涉及很多专业性的内容，比如成本归集和成本分摊的方式，每一家公司都是不一样的。

原来，这位女同事无法接受我替代她的工作，她觉得自己的位置被抢了，对我抱有很大的敌意。于是，她故意对我说："齐总你这么年轻，可能没有什么工作经验，对我们公司的业务也不了解。你是不是先熟悉一下我们的业务，再接手核心工作？"

说完这段话之后，这位女同事还给我提出了一个看似不错的建议——装订纸质凭证并把凭证录入系统中，以熟悉业务。当时大概是 2002 年，财务凭证还是以纸质为主，办公室墙角垒了好几摞纸质凭证。

我听完马上意识到这位女同事是想给我一个下马威。因为她作为一个从业二十几年的财务人员，肯定知道财务凭证的装订和录入是基础会计的活，却故意把这个活安排给我一个财务负责人。

## 2.4.2  打好情绪保卫战

很多人可能觉得我会因此和这位女同事爆发一场激烈的争吵，借此拿回主动权，但我只是笑了笑就让她离开了。

因为刚来这家公司就跟同事争吵是不明智的，生气和愤怒会让你暴露弱点，同时无法做出最佳的判断和采用适当的策略。最佳应对方式是保持稳定的情绪，成为一个无懈可击的管理者。

我上任后一段时间，部门里的成员很快就进入状态，开始有条不紊地执行我分配的工作指令。

但是，这位女同事依旧我行我素，不仅不愿意配合我交接，甚至公开不执行我安排给她的工作任务，直接无视我这个人。我走到她工位旁边时，她就当没看见；我给她讲工作安排，她眼睛都不抬，直接用"正在忙，有什么事情等我忙完再说"来搪塞我，但忙完以后就直接下班了。

我的谦让并没有换来同等的尊重，这位女同事对我的抵触情绪愈演愈烈，她频繁地在办公室和我争吵。每次遇到这种情况，我就会打开我的办公室和财务部的门，让别的部门都听到她在跟我的争吵。

我始终铭记保持情绪稳定，不主动卷入她的争吵，实在忍不住的时候，也只会去卫生间洗把脸，稳定一下情绪。

### 2.4.3　分析优势，逐个击破

这种情况差不多持续了一个多月，不仅给我造成了巨大的心理压力，对部门的整体工作氛围也造成了负面影响。我知道必须尽快拿下这位女同事，不然不只部门运营会出问题，我是否能在这个公司继续待下去也会成为未知数。

**1. 分析局势**

这位女同事之所以事事和我作对，是因为对我不服气，认为我坐了属于她的位置。

但这个位置的归属权只有老板有权决定，而老板选择把这个岗位交给我，而不是她，一切都已经成为定局。作为我的下级，她必须服从我的工作安排，否则我有权处理她。但是这位女同事在这种情况下，依旧有恃无恐，到底是为什么呢？

答案是这位女同事手上一定握有某些重要的资源，让她觉得自己有底气和我对抗。请记住：当对方职级比你低，或者跟你平级时，他敢公然向你发起办公室战争，就说明他的手上一定有某些资源作为倚仗，或者说他认为有能力把你扳倒。

### ❷ 找出对方的优势

想明白了这点，我马上分析这位女同事到底有哪些优势条件：

① 这位女同事和公司总裁的关系很好，总裁对她非常认可。

② 整个财务团队除了这位女同事以外，没有人清楚成本核算的细节。因为她把公司财务核算中最机密的核心——成本核算牢牢攥在手里，不假手于人。

③ 这位女同事在这家公司干了七八年时间，整个财务团队都是她搭建的；她和相关部门建立了深厚的友谊，工作配合度比较高。一旦成功把我这个空降兵挤走，她就是最合适的部门负责人。

### 3. 逐个击破

知道了她的优势以后，就可以逐个击破了。

（1）确定总裁对这位女同事的认可源于何处

我刚来到这家公司的时候，总裁曾经特地问过我对这位代管负责人的看法。虽然当时这位女同事已经和我闹得不可开交，但我还是客观地告诉总裁，这位女同事工作能力很强，而且很负责任，经常带着团队加班。

总裁听后，点点头表示同意。和我说，在我入职前，这位女同事经常工作到很晚，每次都能按时完成公司的任务。他没有再说别的。总裁的意思很明确，她是一名不错的员工，工作认真负责，他欣赏她的工作作风。但同时我也清楚地知道，总裁没有提升她为财务负责人，而是从外部招聘，也说明总裁看到了她的缺陷，她不适合做管理者。

总裁的目标是公司获得发展。但不管怎样，与总裁的关系这一优势就不需要被纳入我的考虑范围，因为我对自己的财务管理和团队管理经验是有信心的，和总裁的目标没有冲突。如果这位女同事和总裁有什么私交，或者是其他关系，那我就需要重新考虑了。

（2）将部门的工作核心掌握在自己手里

这就回到了故事的起点，这位女同事拒不交接核心工作，我要如何将这项工作从她手里拿回来呢？

①进行梳理，重新安排岗位职责描述

面对这种情况，我们可以使用管理者的权限——梳理岗位职责。我用了差不多两天的时间，重新安排了工作岗位的职责。在此期间，我发现团队内每个成员的工作都是超负荷的，必须要经常加班才能如期完成工作任务。

②考虑公司发展，提出合理需求

为了维持部门的正常运营，我找到了总裁，向他申请在财务部增加一位成本核算的会计人员。

因为目前财务部的工作量非常大，这位女同事不仅负责财务部的核心工作——成本核算和应收账款的催讨，还需要完成部门内一些其他工作，这样很难把成本核算和应收账款同时做得更准确而精细，这也就意味着会给公司带来较大的财务管理风险。

并且，这位女同事万一要离职的话，部门内就会出现断层，没有人可以接手她的工作，很大程度上将影响公司日常业务的正常推进。

除此之外，成本核算对于我们生产型企业是重中之重，它直接关联到产品的定价、利润的核算，以及生产成本的控制等多个关键环节。

如果成本核算工作长期由这位女同事把持，并且没有有效的监督和考评机制，那么就可能影响到成本核算的准确性和公正性，还可能增加企业内部的风险和不稳定因素。

在这种情况下，招聘一位会计人员专门负责成本核算已经成为必然，只有这样才能把成本细化，降本增效，并且预防以上风险。

③ 用合理、合法的流程，击破对方的壁垒

提议通过后，我立刻招聘了一位会计专职负责成本核算。这位会计是一个30多岁的女性，毕业于名校，在同行业成本核算的岗位上工作了超过5年，专业能力很强。

接着，我在财务部召开部门会议，邀请总裁和人力资源部的总监一起参加，在他们的见证下，重新分配了团队成员的岗位职责。一切都符合公司的流程，并且总裁和人力资源总监也认可了这项变革。

如此一来，这位女同事不管有多不愿意配合，在公司整体利益面前也不得不妥协，将这项工作交接给新来的会计。而这位会计是由我招聘的，交接给她也就等同于交接给我。

经此，我正式拿到了成本核算的核心。这位女同事的主场优势也基本丧失，她的最后一点优势已经无法对我构成威胁。

## 2.4.4　大局观：一切从公司角度出发

在这场办公室斗争中，我已经占了上风。但对我个人而言，最重要的并不是乘胜追击，而是如何化解这场战争，让这位女同事为我所用。

### 1 终点前的坎坷曲折

因为这位女同事作为曾经的代管负责人，工作能力其实很强，如果能得到她的帮助，我的工作将会事半功倍。但她目前对我仍旧心有芥蒂，并不愿意配合我的常规工作。

思虑过后，我决定把应收账款的追讨工作交给这位女同事。这项工作属于财务经理的工作范畴，是企业现金流管理工作中非常重要的一个环节，同时因为这个女同事一直在公司工作，对于所有的应收账款历史是最清楚的。

但是应收账款的追讨是一项费力不讨好的工作，当你把钱收回来时，上司不一定认为你的工作出彩，但假设钱没收回来，负责人就需要承担比较大的责任。

这样的工作分配导致这位女同事心理更不平衡了，她经常在办公室暴怒生气，并且开始频繁休假。我从来不会卡她的休假申请，直至有一次，她连续休假 7 天后，继续请了第二周的假，也就是打算连休两周，终于引起了总裁的注意。

总裁找到我想了解一下情况，我将情况如实反映给他。这位女同事的工作能力确实很强，但在配合度上有很大的问题，她经常主动和我发生争吵。

## 2 兵戎相见还是握手言欢

### （1）图穷匕见⊖

这位女同事目前的做法无疑是在阻碍公司正常事务的运转，已经触碰了总裁的底线。他立即和我说："你现在给这个同事打电话。约她下午5:30在楼下的星巴克聊一聊，告诉她人力资源部的总监也会到场。至于她的去留，谈话后由你来决定。"

我马上就按照总裁的指令给这位女同事打了电话，希望她下午5:30可以到星巴克和我聊一下工作的事情，但是她显得相当不耐烦，并表示不愿意到公司来，执意要我在电话里直接说明。

我解释说，今天要谈的事情非常重要，涉及她下周一能否继续在公司工作，因此希望能够当面沟通，并且人力资源部的总监也会参加。

这位女同事不接受我给她下的这份通牒，她生气地挂断了电话，然后试图通过权力更大的第三方驳回这件事。她第一时间找到了平时跟她关系不错的总裁，但是总裁明确告诉她，目前她的去留决定权已经交给我了，希望她可以放下情绪，好好和我谈一谈。

---

⊖ 图穷匕见，《战国策·燕策三》载：战国时，荆轲奉燕国太子丹之命行刺秦王，以献燕国督亢的地图为名，预先把匕首卷在图里，到了秦王座前，他慢慢把地图展开，最后露出匕首。后人用"图穷匕见"比喻事情发展到最后阶段，终于露出了真相或来意。

于是，这位女同事只能接受这个安排，到星巴克找我和人力资源总监进行谈话。但她对情况并没有正确的认知，到了以后就不停地向人力资源总监抱怨、抨击我，我只好打断了她的埋怨。

假如换个人来面对这位执迷不悟的女同事，他可能会选择直接把她开除，扫清所有障碍，重新组建自己的财务团队。

但我其实并不想开除她，因为开除是管理者最终的底牌，你一旦亮出底牌，代表你承认自己的管理是失败的，你无法处理这个问题。

并且从公司角度来看，这位女同事不仅非常熟悉公司的业务，还有出众的工作能力，开除这样一位员工对公司来说弊大于利，甚至可以说是损失。而现在，我掌握了这位女同事的去留大权，正是让她为我所用的最佳时机。

（2）攻心为上

面对她咄咄逼人的指控，我并没有反驳，而是先肯定了她的个人价值，对公司来说，她确实是一个能力出众的老员工。但是，她不愿意配合我的工作，一门心思想着怎么给我使绊子，只会妨碍部门和公司的发展。

对于我来说，她在部门内的作用还不如能力一般、配合度高的员工，起码在工作上能起到 1+1>2 的正向效果。

说到这里，这位女同事一改之前嚣张的态度，脸上的表情也开始变得有些凝重。她显然听进去了我的话，并且她知道自己失去了大部分优势，目前在部门里不再是不可或缺的那一个，我随时可以找人替代她。

接着我继续说道："我最近很忙，一直在公司加班做预算，就连周末也顾不上回家。你是财务团队中最了解公司业务的人，如果你愿意好好配合我的工作，部门整体工作效率一定可以更高。"

"但是每次我想让你提供帮助的时候，你都不配合。你是一个资深财务人员，肯定算得明白这一笔账，你的态度其实对我个人没什么影响，对公司的影响更大，因为你的不配合已经给公司造成一定的损失。"

在结束这次对话之后，我请这位女同事尽量调整情绪，好好反思一下自己最近的工作表现，并仔细考虑自己未来的职业规划。

同时我希望这位女同事下周一可以按时到公司来上班，因为关于她的去留问题，我们尚未做出最终决定。接下来，我还需要和人力资源总监再讨论一下。如果最终决定需要与她解除劳动关系，我们会按照规定给予她相应的补偿。

这场谈话一直持续到晚上9点多才结束。我之所以没有当场就宣判是否留下这位女同事，是因为我能感受到我们之间的隔阂尚未完全化解，当着人力资源总监的面，她难以毫无保留地说出自己真实的想法。

（3）推心置腹

在谈话中，我已经主动透露了我周末的行程，如果这位女同事想与我和解，留下来继续工作，我相信她会选择私下再和我进行一次沟通。因为一对一的交流往往比三方会谈更为深入、有效，也更能促进真正的理解和沟通。

果不其然，这位女同事在周日的下午推开了我办公室的大门，她一开始有些拘谨，但最终还是敞开心扉，向我倾诉了她的真实想法和感受。

实际上，我非常理解这位女同事的心态。作为一位资深员工，她为公司付出了很多时间和精力，却没有获得预期的回报，肯定会有所不满。并且，她在和我的针锋相对中，始终非常光明磊落，我愿意再给她一个机会。

我对她说道："你有没有想过，既然公司一开始会选择我来做财务负责人，而不是你，也就意味着即使我离开了，公司也不会提拔你，而是更倾向于找一个新的人来接替我。难道你要对每个新来的财务负责人都保持同样的态度吗？"

接着，我向她做出承诺，如果她愿意调整心态，摒弃我们过去的矛盾，好好配合我的工作，我一定会尽我所能帮她争取升职加薪。就算她想要到子公司当财务负责人，我也会全力支持她。

听完我的这番肺腑之言，这位女同事完全放下了心中的芥蒂。她也明白，在目前的情况下，她必须和我站在同一战线，同心协力为公司创造更大的价值，才能在公司继续立足，寻求长远的发展。

### （4）做好保障措施：设立考察期

为了防止这位女同事故态复萌，我设立了一个考察期，并告知她：假设在这一年内，她能够做好自己的本职工作，最大限度地配合我的工作，我就会兑现上述承诺；反之，就只能请她离开公司。

在后期的工作中，这位女同事没有辜负我对她的期望，一直表现得很好，给我提供了很多帮助，我也相应给她调整了薪资。

## 2.4.5　个人能力是成为领导的唯一条件吗

我离开这家公司之后，总裁并没有选择那位女同事作为我的继任人，而是将我之前招聘进来负责成本核算的员工提拔为新的财务负责人。

因为公司需要考虑到团队整体运营情况，选择最适合的人选来担任这个重要职务。尽管这个女同事在工作上可圈可点，但是她情绪不够稳定，格局不够大，不能站在公司的角度考虑问题，很难成为优秀的管理者。

通过这个案例，想必大家都明白领导者应该有大局观，不应过分注重个人的得失或者偏好，而是应该站在整个公司的角度思考问题，将关注点放在公司的整体利益和发展方向上。

除此之外，不管我们在职场中的身份是员工还是管理者，都必须在工作中保持稳定的情绪，只有这样才能保持清醒的头脑，实现个人的职业成长。

# 2.5
## 分清打压与考验

"打压"和"考验"是两个语意完全不同的词，"打压"是指压制和自己立场相反的人或者"团体"；"考验"则是通过具体行动，或艰险危急环境等来检验"被考验人"是否坚定、忠诚且正确。

通常情况下，我们不会将这两个词联系在一起，但在职场中却很难分清这二者之间的区别，因为它们都会给职场人带来巨大的困难。

### 2.5.1 站在对方的角度上看问题

大部分人在职场中遇到一些上级交代的、难以解决的困难时，统一将其界定为"在公司里被打压了"。其实这并不准确，因为这个结论是建立在你的主观感受上的，你并没有考虑到对方的动机、目的。

我们可以尝试换一种角度，站在对方的立场上考虑问题。

你会发现，领导或者老板并没有理由为难自己的员工，或者阻挠你的工作进度，更多是基于你个人的不足提出建议、期望你能更好完成工作、为公司创造价值。但是，也不排除部分基层领导会因下属的能力过于突出，产生嫉妒情绪，并做出一些过激的行为。

我们可以根据以上的分析，将职场疑似被"打压"分为三种情况，见图 2-5，并根据不同的情况分析如何解决。

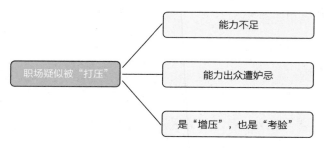

图 2-5　职场疑似被"打压"的三种情况

## 1 能力不足：能力、情商、平台

### 为什么我没有升职

普华永道中天会计师事务所是我毕业以后就职的第一家公司，和我同期进入这家公司的大概有 40 多个人。这家当时全球排名第一的会计师事务所有严格的职员晋升管理制度，每半年就会根据员工评分进行评级。

在第二年的时候，同期的同事都顺利升职了，只有我和另外两个同事没有升职。这意味着，同一个战壕里的战友都变成了你的上级，可能会带着你出去做项目。

而你还需要和新来的同事继续待在这个战壕里奋斗，其中的落差感可想而知。另外两位没有升职的同事无法接受这样的结果，马上就离职了。

我对此感到非常愤怒，因为我对自己和其他人的工作能力、工作成果了然于心，自认为在工作上的完成度并不比这些升职的同事差，甚至可能优于他们中的大部分人。为什么我没有升职呢？

我在这家公司工作的第二年，大部分时间都在做一个经理的项目，我断定是他在打压我，故意给我评了低分，导致我没有升职。

于是，我马上冲到审计部的经理办公室和他理论，把我的工作成果都列出来，让他给我一个说法。当时，我的情绪很激动，这位经理也不敢贸然应答。审计部的另外一位高级经理看到了我们的对峙，就把我叫到了他的办公室。

这位高级经理明确地告知我，不管我的评定成绩是否有问题，目前升职的名单已经公布，无法再进行更改，希望我可以调整一下心态，尊重、理解公司的决定。

随后，他为我提供了一个极具吸引力的机会——将某个重要的审计项目全权交予我负责，并建议我可以借此沉淀自己，进一步提升能力，在这个项目中拿出一个好的成果证明自己的能力。当时，大家对这个项目趋之若鹜，它的确是一个不错的机会，我坦然地接受了这个安排。

接到这个项目后，我和团队整整奋战了三个月。在这段时间里，我忽然想通了，发现我没有升职和其他人没关系，问题的根源其实在我自己身上。如果我的专业水平、沟通技巧和情商都能在同期这批人中排前三名，那么我的评分肯定不会低，升职的机会也更大。

事实上，我并没有达到这样的水平，这也正是我被打低分而无法升职的原因。这样的认知让我更加明白，我还需要更加努力地提升自己，才能在这个竞争激烈的团队中脱颖而出。

认识到自己的不足后，我开始重振精神，努力学习审计策略和技巧，积极寻求提升。接着，我调整了自己的心态，放下对"与新来的同事成为平级"一事的芥蒂，将其发展成为我的优势，努力和这些同事建立良好的关系，鼓励他们可以随时向我寻求帮助。

在后来的项目中，即使我不是项目负责人，我也会主动承担更多的工作，同时对项目负责人表明对他们专业能力的尊重和认可，让他们在工作中不需要有所顾虑，放心交派任务，我一定会尽力配合他们工作。

在我完成自省、努力提升个人能力后，我获得了回报。在第三年的员工评级中，我因优异的表现而连升两级，又回到了大部队中。

### 案例分析

我想通过这个例子告诉大家，当你"疑似"被领导打压时，不要直接判定是领导的问题，而应当以一种积极、理性的态度来分析自己的工作表现，并找出可能存在的问题。随后，根据问题找出对应的解决办法，见表 2-4。

表 2-4　应对能力不足的三步走

| 自省能力 | 打造亮点立人设，形成自己独特的标签 |
| --- | --- |
| | 拓宽边界晒价值，为团队赋能 |
| 提高情商 | 开诚布公表示心意，表明合作态度 |
| | 适当示弱获得认可 |
| 选择平台 | 平台好则尽量留下，获取自我成长机会 |
| | 平台不好可以另寻出路 |

① 个人能力存在不足

努力提升，打磨自己的亮点，进而形成自己独特的标签。还应拓宽边界，关注团队整体发展，为团队赋能，向领导证明自己的价值。

② 提高情商

情商作为个人软实力的重要组成部分，对于职场人至关重要。可以通过开诚布公表示心意，向对方表明自己的合作态度；或者适当示弱，获得对方的认可。

③ 考虑平台是否值得留下

当我看到那份升职名单后，也曾有过一走了之的想法。但是普华永道中天会计师事务所是一个很好的平台，如果我能在那里待满 5 年，就有机会接触更多复杂的业务，和更多优秀的同事合作，对我的个人提升、职业履历都有很大的帮助。

当时我的任职时间只有两年，还有很多知识和技巧没有学到，衡量利弊之后，我决定留下来。

如果你认为这个平台很有价值，就要学会适当示弱，放下你的骄傲，以谋求更稳定、长远的发展。因为示弱是一种智慧的社交技巧，更是一种生存策略。

反之，当你发现这个平台并不符合你的职业发展规划，或者你无法从中获得有用的价值，那么你就可以考虑离开。

### 2. 能力出众遭妒忌

中国有句俗语叫"木秀于林，风必摧之"，比喻才能或品行出众的人，容易受到妒忌、指责。职场中也是同理，领导或者老板容易忌惮锋芒毕露的同事，担心他们会功高盖主，威胁自己的地位。

① 韬光养晦的重要性

许多职场人不懂得韬光养晦，他们在自身实力尚未完全成熟之际，便急不可耐地展示自己。这种做法不仅无法获得想象中的升职加薪，反而有可能被上司视为潜在对手，进而遭受排挤、打压、架空，最后被迫离职。

② 适当示弱和自嘲

功夫之王李小龙在 1971 年的访谈节目中说过一句话"Be water, my friend"。这句话阐述了一个人生哲学，指做人要如水一般，柔软而又刚强，充满变化，能适应万物的形状，也能随屈就伸，却不向困难屈服。

在羽翼未丰时，我们无法与庞然大物对抗，也要学会"Be water, my friend"，收敛自己的锋芒，放低身段和姿态。通过适当示弱和自嘲，表达对领导的敬畏和尊重，缓和双方之间的关系。先化解眼前的困境，后续再从长计议。

**3. 是"增压"，也是"考验"**

在这里我想问大家一个问题："你真的觉得领导在打压你吗？"

① 分清"打压"和"增压"

如果你的领导、老板是一个对工作要求特别高的人，并且他从未在工作上对你和其他同事做出明显差别对待，而是用这一套高标准来平等地要求每一位同事，那么这种情况不叫"打压"而应该是"增压"。他们其实是希望通过树立更高的标准来施加压力，帮助团队成员迅速提升能力，在工作中取得突破。

② 不仅是考验，也是机遇

除了以上原因，还有一种我们未探讨过的可能——这是领导给你的考验，成功通过就能升职加薪。

我们在史书或者影视剧中经常看到这样的剧情，当皇帝想提拔一个大臣时，都会先将他外放历练。然后安排一名眼线观察这位大臣，确定这位大臣对皇帝是否有怨怼之心，有没有尽心尽力地完成他交代的工作，完成工作的过程中有没有犯错。

当各项考评都合格时，就意味着这位大臣通过了皇帝的考验，不日就可以启程返京，在朝中连升三级。我曾经在职场中遇到类似的情况。

当时，我在北京的一家大型集团工作，这家公司不仅离家近，提供的薪酬也很丰厚。结果有一天，集团突然给了我一纸调令，让我到郑州的一家子公司上班。这家子公司一直是我们集团的"疮"，常年处于亏损状态，需要依靠总部的资金支持才能继续运营。

关于这次工作调动，上级负责人并没有给我明确的任期，只是让我先在郑州的子公司好好工作，或许一两年后，我就可以回到原来的岗位。于是，我就顺应安排到郑州的子公司去上班了。

其实，这种做法在很多世界 500 强企业或者上市公司很常见，领导会把一些集团总部的高管调到第一线去历练。

就像我遇到的这种情况，集团领导为了锻炼我的能力，特意安排我前往一直处于亏损状态的子公司任职。同时，他们还想考察我的能力，假如我能让这家子公司扭亏为盈，就能提前离开子公司，回到集团总部，并且可能会迎来职位提升。

所以，我们想要在职场中力争上游，就要学会分析问题，迎难而上。当你遇到老板、领导安排的艰难任务时，不要有抗拒的心理。因为这可能是他对你的考验，会成为你的机遇。

## 2.5.2　不要让思维局限在情绪里面，多维思考看问题

在我们的思维里面，领导和老板作为上位者，仿佛天生就处在我们的对立面。他们有一点风吹草动，我们就容易往不好的方面联想，对其产生愤恨的情绪。

当情绪高涨的时候，就会蒙蔽我们的理智，导致思维变得狭隘。我们会受强烈情感的驱使，做出冲动的决策。

但是，职场问题往往涉及多个利益相关者、多个层面、多个角度。我们想要在职场中走得更远，必须解决潜藏的情绪失控危机，学会多维思考，从多个角度、多个层面去分析和理解问题。

当你从多维思考的角度来看"打压"和"考验"，就会发现，无论是"打压"，还是"考验"，只要我们积极应对，都能将其化为我们的助力。每一次变动都是一个新的开始，也是一个新的机会，要努力抓住机会，展现自己的能力和价值。

练就高情商

职场沟通与复杂关系应对

第 3 章
怎么做，
别人才会听你的

# 3.1
## 做个情绪稳定的成年人

情绪稳定是职场成功的基石，在前两章的内容中，我们曾多次提到情绪稳定对职场人的重要性。那么，在本节中，我将会重点为大家介绍如何正视自己的情绪，做个情绪稳定的职场人。

我们通常认为一个人有情绪就是生气，因为当我们察觉到一个人不高兴时，就会用"有情绪了""闹情绪"来描述对方的状态。但是，有情绪并不等同于生气，情绪可以分为很多种，愤怒、沮丧、失落、内疚、焦虑等都属于情绪的表现形式。

情绪管理建立在对自我情绪的深刻认知上。想要做情绪的主人，保持情绪稳定，就要学会"察觉"自己的情绪，并根据不同的情绪做出正确疏导。接下来，我们分析一下要如何疏导愤怒、沮丧、失落、内疚、焦虑这五种不一样的情绪。

### 3.1.1　梳理愤怒情绪

**1** 认识"愤怒"

愤怒是最容易被察觉的情绪。因为当你感到愤怒时，会感受到心跳加快、嗓门不自觉变大、声音加速等身体变化。

　　人在感受到不公平，或者觉得尊严被挑战时，可能会产生愤怒的情绪。这种情绪通常是短暂的，但爆发力极强，可以在瞬间产生巨大的能量。

### ❷ 如何疏导"愤怒"的情绪

#### （1）警惕情绪疏导误区：释放情绪

　　建议大家在情绪愤怒时，不要图一时之快，随意释放情绪，和他人进行激烈的争吵。

　　因为情绪有时候会蒙蔽我们的理智，导致思维变得狭隘。并且，我们在强烈情感的驱使下，容易说出一些冲动的话，或者做出不理智的决策，把简单的问题复杂化。

#### （2）愤怒的反面是平静

　　当你察觉到自己处于愤怒的情绪中时，一定要马上处理，将自己从这种煽动性极强的情绪中挣脱出来，恢复平静的状态。

　　如何进入平静的状态呢？这个问题没有一个确定的回答，可能要根据每个人的喜好来决定。比如很多年轻人会选择喝一杯奶茶来疏导情绪，因为奶茶里的糖分可以刺激大脑分泌多巴胺——一种神经递质<sup>⊖</sup>，能够传递兴奋和开心的信息，从而令饮

---

　⊖　神经递质（neurotransmitter）是神经元之间或神经元与效应器细胞如肌肉细胞、腺体细胞等之间传递信息的化学物质。神经递质可比喻为大脑中的通信员，负责调控有关"快乐""记忆""上瘾""恋爱"等重要事情。其中最常见的七种神经递质有多巴胺、血清素、去甲肾上腺素、乙酰胆碱、谷氨酸、GABA、内啡肽。

用者产生愉悦感。

此外，还有人会选择购物来疏解自己压抑的心情，或者通过深呼吸和冥想来舒缓情绪。不管使用什么样的方法，目的都是让自己保持平静的状态。不过千万不要尝试用不良的嗜好去舒缓情绪，这样可能会导致你按倒了葫芦起了瓢。

### ③ 事后策略

将问题扼杀在摇篮里是一种理想的状态，但我们无法保证每次都能及时察觉、疏导情绪。

假如我们在愤怒情绪的推动下，做出了一些不理智的行为，那么我们就需要在事后进行反思，并及时借鉴以下三种方法来解决问题，见图 3-1。

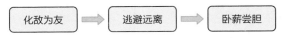

图 3-1　愤怒情绪产生不良结果后的应对策略

### 方法一：化敌为友

职场中发生争吵通常是因为意见不合，只是一时的剑拔弩张，并没有达到势不两立的程度。就算是因为利益冲突发生争吵，双方的立场在后期也可能发生转变，握手言和成为朋友，所以不要在职场里给自己制造一个敌人。

等双方的情绪都冷静下来后，你可以挑一个非正式的场合，然后邀请对方吃顿饭，借此机会表示自己的歉意，展现出愿意修复关系的态度。对方在接收到你的信号后，无论他内心是否真正原谅你，都不会选择让你难堪，而是会尽量在表面上和你保持友好。

**方法二：逃避远离**

逃避远离，也就是在短期内先和起冲突的另一方保持距离。因为时间是解决一切的良药，你们之间的矛盾即使不处理，也会被时间逐渐淡化。但是，使用这个方法有一个限定条件，那就是和你发生争吵的另一方在平时很少和你发生交集，甚至接近于无。

**方法三：卧薪尝胆**

如果你实在咽不下心中这口气，也可以选择第三种方法——卧薪尝胆。先通过以上两种方式和对方修好，找到合适的时机后再讨回公道。

但是，"卧薪尝胆"是一场心理上的持久战。在这个过程中，你需要一直用强大的意志力和"心中的这口气"抗衡，如果一直没办法得偿所愿，这份情绪就会膨胀，给自己造成更大的心理压力，还可能导致精神崩溃。因此，我们不提倡性子急的人使用这个方法。

## 3.1.2　梳理沮丧情绪

### 1 认识"沮丧"

当我们的能力没有达到自己的预期时，就容易产生沮丧的情绪。沮丧的周期比愤怒要长，可能会在中短期内持续影响你的情绪，对你的生活和工作造成影响。

### ❷ 如何疏导"沮丧"的情绪

（1）了解"沮丧"成因，进行积极的心理暗示

想要让沮丧的情绪消失，就要针对沮丧的成因，从内心进行疏导。你会因为自己的能力没有达到预期而感到沮丧，恰恰说明了你是一个自尊心强的人。

那么，我们可以将这种情绪转化成一种强大的自我驱动力，激励你不断努力，追求更好的自我。

同时，我给大家推荐一个小心法：

每天早起洗脸刷牙和睡觉前，在内心默念：我是这个世界上最聪明和有智慧的人，目前的挫折是老天爷给我成长的礼物。如果有时间的话，还可以在大脑中尽量展望一下自己未来的幸福生活。

这种积极的心理暗示，也有人称之为吸引力法则，我本人亲测过，是有效果的。

（2）通过转移注意力，缓解"沮丧"的情绪

对于某些人来说，他们可能无法在短期内实现心理上的转变，备受煎熬。那么，就可以选择用转移注意力这种方法来缓解压力。

比如，通过做一些你喜欢的事情，如阅读、运动、旅游或

者和朋友沟通等来转移你的注意力。这些活动可以让你暂时忘记沮丧，还能够帮你蓄能，给你带来面对困难的勇气。

### ③ 事后策略

情绪疏导只能让你以更健康、积极的态度去面对困难，无法直接帮助你解决现实中令你感到沮丧的问题。大家可以通过下面这个例子来了解如何通过策略解决令我们感到沮丧的事情。见图 3-2。

接受目前没有达到预期的情况 ⇒ 寻求外界帮助 ⇒ 自学或向高手学习 ⇒ 不要放弃自己的预期

图 3-2　如何应对令我们产生沮丧情绪的事情

还以我自己举例，普华永道中天会计师事务所有很多跨国业务。

有一天晚上 6：00，审计部的经理突然把我叫到办公室，将一个紧急任务派发给我。他希望我能在第二天早上 8：30 前，将他桌上的审计报告草稿整理成正式版，并且打印出 160 份。

一份正式的审计报告通常分为英文和中文两个版本，也就意味着我要分别校对中英文两份报告，确认两份报告的内容是否准确。

审计报告有固定的格式要求，标题、字体、字号都要按照标准来调整，再加上 160 份审计报告的装订工作，这对我来说几乎是一个不可能完成的任务。

接到这个任务后，我感到非常沮丧，觉得无论如何都达不到这位经理的预期，只好将我的顾虑告诉了他。

但这位经理对我将如何完成这份报告并不感兴趣，他希望我可以如期完成任务，并且强调这份审计报告必须是标准版的，一个错别字都不能有。因为次日的一个重要会议，将会用到这份报告。

遇到这种情况时，我们可以尝试寻求帮助。很明显我自己一个人是无法完成任务的，我马上打电话向我的同事们寻求帮助。

有4位与我同期进公司的同事和我关系非常不错，他们了解了情况后，很快就根据各自的专长进行了分工：有人负责校对英文，有人负责校对中文，还有人负责中英文的联合校对。同时，我们还安排了人员负责打印封面、装订以及打印报告页。

经过我们五个人的通力合作，终于在次日清晨7:30之前完成了160份正式报告的打印工作。一个看似不可能完成的任务就这样被我解决了。

因此，当我们发现自己的能力无法达到预期时，要学会接受现实情况，摆正心态。然后寻求外部的帮助来解决这个问题，或者可以通过向高手学习、自我能力提升来使自己达到预期，寻找"外挂"是一个不错的选择。最重要的是不要放弃自己的预期，让它成为驱动你前进的力量。

### 3.1.3　梳理失落情绪

**1** 认识"失落"

失落和其他情绪相比，有一个显著的区别——它的持续周期很长。

失落感通常源于我们对某些事物的重视和依恋。当我们失去那些对我们而言非常重要或具有特殊意义的东西时，我们可能会觉得自己的一部分也被剥夺了，导致我们感到痛苦、哀伤和迷茫。这种来自骨子里的羁绊很难在短时间内剔除，会对我们产生长时间的影响。

**2** 如何疏导"失落"的情绪

失落是一种会将人推入深度旋涡的情绪，在失落情绪中的人，感官往往被无限放大，当人们顾此失彼，认为原因在此，却不知原因在彼的时候，它的放大作用就对我们有致命影响。

比如，很多人在失恋后会感到非常失落，因为他们会一直回忆对方的好，沉湎在曾经美好的记忆中。忽略了这段感情给自己带来的伤害和不幸，钻到情绪的牛角尖里面，甚至长期无法走出这个阴影。

面对这种复杂的情绪，我们需要学会接受和处理，重新找到情绪的平衡。

（1）接纳自己的情绪，让时间稀释一切

我们应该先接纳并允许自己感到失落，不要急于逃避或压抑它，因为情绪代表了我们内心真实的感受。接纳自己的情绪，并且给自己一点时间去处理它。过段时间你再回头看看，就会有不一样的感悟，其实这些失去的东西对你并没有那么重要。

就算你真的很舍不得这段感情，随着时间的流逝，所有的情绪都会慢慢消散，并且你在生活中会遇到一个更好的人。

（2）通过认知进行反向疏导

尝试从另一种角度看待失去的东西。常言道："塞翁失马，焉知非福"，也许正是因为失去，你才会发现之前未注意到的东西。曾经，正是因为你过于看重这个失去的东西，反而忽略了很多更值得你关注的事情。

当你在面对一段已经结束的感情时，应该认清并接受现实，你们这段关系之所以会结束，通常是因为双方价值观不一致，或者双方在这段感情里面给彼此带来了伤害。应该庆幸自己从这段不健康的关系中解脱，进而摆脱失落感，拥抱新的生活。

**3** 事后策略

事后策略见图 3-3。

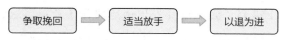

图 3-3　如何应对令我们感到失落的事情

当我们在职场中面临失落这种情绪时，最好不要选择任其自然发展。因为这是一种比较消极的情绪，会对我们的工作造成负面的影响，应该尽力挽回。

但是有时候，过于执着挽回某些事情，反而会让我们陷入更深的困境。所以我们应该根据情况，有选择性地放手，给予自己和他人一些空间和时间；当事情已经无可挽回时，则应直接放手，坦然接受现实。

除了以上提到的争取挽回和适当放手，我们还可以"以退为进"来挽回我们的某些失误。比如下文中的高管，就使用了这一方法来帮自己获得老板的原谅，并赢得好感。

一位高管坐地铁上班时，遇到了地铁故障，导致他在重要的会议中迟到。老板对此非常不满，因为这个会议的重要性已经提前说过，这位高管却还是迟到了，老板认为他的工作态度不端正。

老板的指责让这位高管很失落，但是他并没有选择为自己辩解，而是马上承认错误，并保证以后不会再出现这种情况。然而，出乎老板意料的是，其他团队成员也都姗姗来迟，他们在这位高管抵达之后，才陆陆续续地进入会议室。

面对这种情况老板怒不可遏，严厉地质问大家为什么在重要的会议上迟到。团队成员们坦诚地解释了原因，地铁突发故障打乱了大家的行程安排，导致大家无法按时到达公司。

老板了解了大家迟到的原因后，马上意识到高管可能也是因此才会迟到。于是，他用眼神询问高管是否遇上了地铁故障，高管立即点头回复老板的疑问。

对比其他团队成员的解释，高管的做法显然更高明。他并未急于为自己开脱，而是退一步接受了老板的批评，因为他清楚其他成员也会迟到，会帮他说明迟到原因。不卑不亢、态度诚恳，老板不仅不会追究他的失误，还会对他好感倍增。

由此可见，以退为进是一种很好的策略，可以通过巧妙的退让，让对方主动跟随你的思路，甚至主动原谅你的某项失误，迂回地达到你的目的。

### 3.1.4　梳理内疚情绪

**1** 认识"内疚"

内疚是指对一件事情或某个人心里感到惭愧而不安的一种心情。当我们感觉伤害了别人，或者自己做出的行为没有达到自己设立的标准原则时，就会产生这种情绪。

内疚是一种重要的道德情感，通常伴随着自责、悔恨、痛苦等感受。你会产生内疚的情绪，说明你是一个具有同理心和社会道德感的人。

**②  事后策略**

这种情绪有别于其他的情绪，难以通过积极的心理暗示进行疏导。它在我们心里打了一个大大的结，必须要找出弥补自己过错的办法，才能将这个心结解开。

想要解开这个心结，就要明白你的内疚缘何而来。然后，将内疚的原因进行细致的分类，区分出小问题和重要问题，具体问题具体分析，见图 3-4。

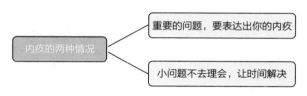

**图 3-4　内疚的两种情况分别如何处理**

（1）重要的事情应向对方道歉

当你觉得因为你某些事情没做好，给别人造成了较大的困扰，那么，你应该选择当面向对方解释，表达自己的愧疚和歉意。

（2）无关紧要的小事可以忽略

假如你的内疚是出于自身的高道德感，无法原谅自己无意间对别人出言冒犯，或者是其他违背你的道德感的事情，其实并不需要将这件事放在心上。

因为大多数情况下，当你好不容易鼓起勇气表达歉意后，对方反而表现得很意外，因为他可能并没有放在心上，或者已经忘记了这件事，只有你一个人钻进了情绪的牛角尖，还在被这件事情折磨。

### 3.1.5 梳理焦虑情绪

**1** 认识"焦虑"

焦虑是指人在面临即将到来的、可能会造成的威胁时，会产生紧张、不安、忧虑、烦恼等复杂的情绪。

**2** 如何疏导"焦虑"的情绪

（1）通过认知进行反向疏导

当我们对某件事产生了一些不好的联想时，可能会下意识地在网上搜索相关信息，试图验证我们的猜想。这些负面信息容易加剧我们的焦虑感，使焦虑不断扩大。

其实这种做法是不可取的，我们应正确看待焦虑，认清它的本质，一切都还是未发生、未知的，不应因噎废食，而是应该将我们预见的危险当成一个被窥见的先机，积极应对。

责任心强的人更容易产生焦虑感。因为责任心强的人通常对自己有更高的要求，也更容易受到别人期望和评价的影响。所以不需要将焦虑当成洪水猛兽，只要进行恰当的疏导，焦虑也能成为向前的动力。

（2）独处深思

当我们陷入焦虑时，最佳解决之道往往是先接受焦虑，给自己一些独处的时间，借此捋清思路。

在此期间，我们可以深入思考一下：如果事情真的发展到最坏的地步会出现什么后果，你是否已经做好心理准备，能够接受这个结果。当你发现这个最坏的结果其实还在你的承受范围内，那就没什么需要焦虑的。

"车到山前必有路"，你只需要做好准备，等待结果就可以了，也许事情并不会朝最差的方向前进，因为这只是你的一种设想。

**❸　事后策略**

既然你对某件事情产生了强烈的焦虑感，那就把这种情绪当成一个信号，采取具体的行动，见图 3-5。避免你的预感成为现实，或者做好心理建设，以一种更从容的姿态来接受这个即将到来的危机。

**图 3-5　如何应对令我们感到焦虑的事情**

（1）考虑好所有的变量

当事情的结果可以被改变时，我们想要达成目标，就需要考虑到所有的变量，积极寻求解决的方法。通过改变其中的某个变量，来引起质变，将一场危机消弭于无形。

（2）考虑最差的结果

假设我们无法让事情朝着理想的方向发展，那就换一种方法来解决问题，考虑当最差的结果出现后，我们应该如何进行挽救。

（3）学会接受这个世界的不完美

不完美是这个社会的常态，你无法改变它，只能学会接受并适应这个世界。

想要成为一个情绪稳定的成年人，就要学会正确认知我们的情绪，并对症下药，做好心理疏导和事后补救。

其实，不管面对何种情绪，都有一个相同的应对办法，那就是学会正视、接纳我们的情绪，并将其转化成让我们进步的推动力。用一种更积极的态度面对职场的挑战，迎接生活的起伏。

# 3.2
## 品德要放在能力前面

"品德"指个人的道德品质，亦称为德行或品性，它体现了一个人在行为举止和道德表现上的优秀程度。而"能力"则是指个体所具备的才能，以及处理事务的本领。在对个体进行评价时，品德和能力往往是我们重点考察的两个维度。

能力是衡量一个员工在职场中表现的关键因素，但是却并不是最重要的因素。无论我们从事什么工作，都需要和同事进行互动和沟通。拥有良好的品德，则是能够顺利开展这些工作的助推剂。特别是作为一名管理者，更需要注重个人道德修养。

## 3.2.1　品德为何要放在能力前面

品德是一个人的道德修养和价值观的体现，它构成了个体的基本人格。能力是人在特定领域展现出来的素质，它建立在品德这块基石之上。如果没有坚实的品德基础，能力再强也如同沙上建塔，难以长久。

### 1 品德决定个人的行为底线

**职场案例**

#### 公司职员吃回扣带来灭顶之灾

老张在某家大型建筑公司担任采购经理一职。他因长期负责建筑材料采购工作，在业界有一定的资源和人脉。但他却利用这些资源，不断触碰道德底线，以牟取私利。

某年，公司承接了一项重要的市政工程——跨江大桥。老张在采购大桥建设所需的材料时，并没有按照公司的规定和合同要求采购合格的材料，而是与一些不良供应商勾结，通过虚报材料价格、收受回扣等方式，将劣质材料以高价购入，从中获取巨额利润。

由于使用了劣质材料，大桥的建设质量严重受损。在完工后不久，大桥就出现了多处裂缝和沉降问题。老张和供应商对此心知肚明，却选择了隐瞒不报，只是简单地进行了一些表面上的修补。

一天深夜，大桥突然发生垮塌，造成了严重的交通事故，导致多人死亡和失踪。事故迅速引发了社会的广泛关注。公司因此遭受了巨大的声誉损失和经济损失，不仅被政府罚款，还失去了大量的业务合作机会。同时，老张也被依法追究刑事责任，面临长期的牢狱之灾。

## 案例分析

老张作为公司的采购经理，原本应该秉持诚信、公正的原则，为公司选购合格的材料，确保工程质量。然而，他却因个人私欲，放弃了品德的底线，与不良供应商勾结，采购劣质材料，并从中获取巨额回扣。这种行为不仅严重损害了公司的声誉和利益，而且对社会造成了极大的危害。

品德代表着个人的道德水平高度和行为底线。假如一个人拥有良好的品德，则意味着他在面临诱惑和挑战时，能够坚守原则，不为私欲所动，始终秉持正直和诚信的态度。

如果一个人的品德不正，即使他具备超强的能力，也可能做出损害他人或社会利益的行为。因此，只有坚守品德底线，我们才能在工作和生活中保持清醒的头脑，做出正确的选择，赢得他人的尊重和信任。

## ❷ 品德是个人长期发展的保障

### 品德有问题的管理者会给企业带来什么影响

方明拥有出色的技术背景，能够快速理解复杂的业务问题，并针对问题提出高效的解决方案。老板非常欣赏他的能力，将他提拔为项目经理。

然而，方明在个人品德上却存在严重缺陷，这使得他在管理团队和推动工作时遇到了巨大的困难。比如，方明为人比较霸道，他习惯在项目中强行推行自己的决策，不顾团队成员的感受和意见；他对于团队成员缺乏基本的尊重，常常在公开场合对团队成员进行无端的批评和指责，有时候甚至会用一些侮辱性的言语来伤害他们的自尊。

久而久之，团队成员对他的管理方式纷纷感到不满和失望，失去了工作的积极性和热情。团队内部的沟通变得困难，协作效率大大降低，导致项目进度受阻，甚至出现了重大失误。

最终，公司不得不做出调整，将方明从项目经理的职位上撤下，调回他原来的岗位上。然而，方明留下的恶劣影响却难以在短时间内消除。团队成员士气低落，项目进展缓慢，公司的整体业绩也受到了严重影响。

案例分析

这个案例深刻地揭示了品德对于管理者的重要性。一个管理者即使拥有再强的能力，如果缺乏基本的品德修养，也难以带领团队取得长久的成功。因此，企业在选拔管理者时，不仅要注重其能力水平，更要重视其品德修养和道德水准。

一个人的品德决定了他能否在职场和社会中持续发展。品德高尚的人更容易获得他人的支持和合作，从而为自己的职业发展创造更多机会。而能力强虽然能在短期内帮助个人取得一定的成就，但如果没有品德的支撑，这种成就难以持续。

## 3.2.2  管理者心法：以德服人

北宋时期杰出的政治家、文学家范仲淹曾经说过这样一句话："臣闻以德服人，天下欣戴；以力服人，天下怨望。"

这句话的意思是：用良好的德行来使人信服，天下人都会心悦诚服地追随你；而如果仅仅依靠武力或强制手段来使人屈服，那么天下人只会心生怨恨和不满。

在职场中，以德服人不仅是一种高尚的品质，也是一种有效的领导和管理方式。可以使用以下五个方法进行自身的修炼，在职场中做到以德服人。

### 方法一：保持真诚和尊重

#### （1）坦诚地沟通

当与同事或上级交流时，应坦诚地表达自己的观点和看法，避免使用模糊或虚假的言辞。并且，在表达时需要注意方式和场合，确保不会伤害他人或影响工作。

#### （2）给予他人充分的尊重

当团队成员做出努力或者取得成绩时，我们都应给予充分的认可和尊重，一定不要轻视或贬低他人的努力，而是要学会欣赏和赞扬他人的优点和成就。

有人的地方就有江湖。在团队合作中，难免会出现分歧。我们应该认真倾听他人的意见，尊重不同的观点，并对他人的意见给予正向的反馈。

假如员工在工作中出现失误，管理者有义务帮助员工纠正错误，并根据具体情况决定是否对其做出批评或处罚。但是，我们在指出错误时，应注重方式和方法，既要让员工认识到问题的严重性，又要避免伤害其自尊心。

我在这里给大家分享一个小技巧，如果平时表现优秀的员工在工作中偶尔发生了过失，导致了公司的损失。建议管理者先不要在大会上点名批评，而是私下找到这个员工先做一对一的沟通。

因为优秀的员工通常具有较强的自尊心。这种自尊心可能是他们追求卓越、不断进取的原动力，也是他们面对挑战和困难时能够坚持不懈、勇往直前的精神支柱。因此，管理者应关注员工的心理需求，给优秀的人才保留足够的尊严，避免对他们的工作积极性造成负面影响。

如果是小损失的话，管理者可以与其私下沟通，让他了解到自己的问题所在。如果是很大的损失，就需要告知员工这个失误重大，可能将来还会有进一步的处罚，给他一个心理准备，同时要做足思想安抚工作，处罚也尽量在私下进行。

### 方法二：践行公正和公平

#### （1）确保决策透明和公正

管理者应制定清晰的决策流程，确保决策过程公开透明。

在处理职场事务时，要始终坚持公正和公平的原则。不偏袒任何一方，不因为个人喜好或私交而做出不公正的决定。以公正的态度和行为赢得他人的认可和尊重。

一个家庭孩子多了，父母都会有偏向，更何况公司里有那么多人。领导也是普通人，肯定有喜欢和不喜欢的员工。但是管理者一定要时刻提醒自己，千万不要因为自己的喜好影响到对员工的评定。否则公司里面将会充斥着不干活、爱说漂亮话的员工。

#### （2）听取员工诉求，合理分配资源

管理者应建立有效的沟通机制，积极倾听员工的意见和建

议，以便更好地了解团队的整体状况及团队成员的实际需求。在对员工进行评价时，应尽量做到客观、公正，根据员工的表现给予相应的激励和惩罚，保障每一位员工的权益。

（3）冷静化解冲突

当面对冲突和分歧时，要冷静地分析问题，寻求双方都能接受的解决方案。以一种较和谐的方式化解矛盾，以保持团队的稳定。

### 方法三：积极承担责任和义务

（1）做有担当的管理者

在职场中，管理者应当积极承担自己的责任和义务，而不是将责任推给下属或者他人。尤其是面对一些比较困难的工作时，作为管理者，更应当身先士卒，带领团队一同寻找解决方案。同时，在面对失败时，管理者要勇于承担后果。

（2）展现个人能力

乐于帮助他人解决问题，分享自己的专业知识和经验，培训下属，展现自己的专业高度，以负责任的态度和行为赢得他人的尊重和信任。

### 方法四：持续学习和提升

（1）注重个人提升

管理者应该通过不断学习和实践，提高自己的专业水平和工作能力，以更好地服务于团队和组织。以身作则，为团队成员树立一个好的榜样。

（2）关注员工成长

在日常工作中，也要关注员工的成长和发展，这种成长和发展不仅仅局限于工作中，还包括生活中和情感上的关心和指导。这样的指导应该是朋友式的、友善的，而不应该是强压式的、霸道的。让团队成员感受到温暖关怀，从而更加积极地投入工作。

**方法五：注重人文关怀**

（1）关注团队成员的需求

关心团队成员个人对未来的期待，适时调整他们的岗位。比如，有的会计人员想要学习更多的 IT 知识，那么未来公司搭建 ERP 的时候，就可以考虑将其调整到财务 ERP 岗位。

（2）营造积极的团队氛围

通过组织团队建设活动、举办庆祝仪式等方式，增强员工之间的凝聚力和归属感，提高员工的工作满意度和幸福感。在团队内营造一种积极向上、和谐融洽的工作氛围。

我们可以通过上述方法，在职场中赢得他人的尊重和信任，建立良好的人际关系。并且打造一个和谐融洽的团队，为后期团队的协作与发展奠定坚实基础。

### 3.2.3　选拔人才时，请坚持品德优先原则

在选拔人才时，我们必须坚持品德优先的原则，确保招聘到的人才既具备优秀的能力，又拥有高尚的品德。因为拥有好品德也是一种很出众的能力，可以为公司发展贡献更大的力量。反之，道德水平低下的人可能会给公司造成不可挽回的影响。

（1）好品德是一种出众的能力

在职场中，当我们提到能力时，通常会联想到个人具备的才能及处理问题的能力，往往不会将品德作为一种能力，而是将其看成个人的性格特质，忽略其在推动个人成长方面的作用。

其实，品德才是决定个人能否达到更高境界的关键因素。能力可以让人在工作中取得一时的成功，但品德却是决定其能否持续进步、获得他人尊重和信任的基础。

（2）品德高尚的人，能够在职场中走得更远

一个品德高尚的人，会坚守道德底线，诚实守信，尊重他人，这些品德将为其赢得更多的机会和更广阔的发展空间。相反，品德低下的人，即使能力再强，也难以获得他人的信任和尊重，其职业发展也会受到严重限制。

### （3）品德缺失的人会成为污染源

当一个团队中出现品德缺失的员工时，可能会对部门的其他员工造成影响。他们的不恰当行为会打击其他员工的积极性，并影响团队的整体工作氛围。

此外，品德缺失的员工还可能引发不良风气，甚至导致部门、公司的整体声誉受损，造成不可挽回的损失。因此，在招聘和选拔员工时，我们必须严格把关，确保新成员的品德符合部门的要求。

我在进行招聘时，也曾遇到过能力出众的候选人品德有问题的情况。

有一次，我在招聘时遇到一个各方面都很优秀的男生，他的笔试和面试成绩都很好。

但是，当我在做背景调查时，这个男生的前公司领导便提醒我说："建议你不要录用他，这个男生的工作能力是很不错，但是生活作风可谓是极差。"

接着，这个男生的领导和我说明了大概情况。原来这个男生是一个"惯犯"，这家公司在做背景调查时，就发现他的生活作风有问题，同时和数个女同事发展恋爱关系。但是当时他们很看重他的能力，警告他不要再犯类似错误，便将这个男生招进来了。

结果这个男生在这家公司变本加厉，行为更加不端，连续骚扰数名女员工，将整个公司的氛围搞得乌烟瘴气。

听到这里，我真是吓出了一身冷汗，庆幸我没有忽略背景调查这个环节，不然这个害群之马可能就进入我们公司了。

在这个案例中，虽然候选人能力出众，但其生活作风极差，甚至做出许多违背道德底线的事情。如果将其招入公司，无异于在团队中放置了一个污染源，不仅会影响团队的氛围、损害其他员工的利益，甚至还会引发不良风气，影响公司的声誉。

因此，我们在招聘时绝不能只看能力而忽视品德，只有品德和能力并重的人才才能为公司创造更大的价值。

## 内容延伸：如何进行背景调查

在招聘重要岗位上的人员时，通常需要进行背景调查。以下是一些需要注意的要点。

确定候选人预留的信息：进行背景调查前，我们通常会要求候选人提供前公司的座机号而不是手机号、所属部门名称、直属领导的名字等信息。

选择合适的调查方式：我们通常选择电话调查的方式进行背景调查。这样可以确保信息传递的有效性和准确性，并且更高效快捷。

提供必要的信息：在进行背景调查之前，我们需要提前告知对方公司名称，获取对方的信任。随后，提供候选人的部分信息方便对方提供资料。

核实相关信息：在接到对方的回复后，需要对候选人预留的信息进行核实和确认。

保密性原则：在整个过程中，必须严格遵守保密性原则，保护被调查人的隐私和个人权益。

总之，背景调查是招聘过程中的重要环节之一，需要认真对待每一个细节，以确保招聘工作的公正性和有效性。

# 3.3
## 有矛盾，一定要放在明面上谈

在职场中，办公室斗争是一个经久不衰的话题，是潜藏在职场人身边的汹涌暗流。但职场并非战场，办公室斗争往往源于利益冲突、性格的摩擦或是理念的碰撞，我们无须将所有分歧都视为生死较量。反之，可以将其视为一个磨砺我们意志的挑战。

职场斗争可大可小，日常工作中的分工合作也可能发展成一场小型战争。兴致勃勃想要投入这场战争的人反而容易在此折戟沉沙。及时发现问题，将矛盾放在明面上处理，才是明智的解决之道。

## 3.3.1　如何将矛盾放在明面上

### 同事将老板给他的工作内容私下转交给我怎么办

有一次，我的朋友和我说，他在职场上遇到了一个难题——

"老板把一个重要的任务指派给了其他部门的负责人，但是这位负责人却私下将这项任务转给了我。我现在面临两难抉择：若拒绝接手，我担心对方借此指责我不配合公司的重要项目；假如我尽心尽力去做这个项目，我的其他工作安排将受到严重影响。而且对方才是这个项目的正式负责人，即使我付出很多努力，最终成果也可能被他独占。"

案例分析

想必大家也很好奇，在面对这种情况时，应该如何抉择，才能保证既不损害公司、团队利益，又能确保个人的付出得到应有的认可。

实际上，最明智的做法是：不要闷头吃亏，而要把事情摆到明面上。私底下的事情其实我们很难说清楚，一旦有了分歧或者争议，我们往往会成为被动的那一方，因为话语权都掌握在对方手中。

解决之道

既然这位负责人想要将这个项目转移给你，那我们就将事情公开化，放在台面上讨论。

（1）将事情公开化，分清职责

当你和对方同为部门负责人，对方想将老板布置的工作内容转移给你时，你可以提议召开一次跨部门会议，两个部门之间重新划分工作领域，明确各自的工作职责，并在会上讨论出一个切实可行的计划方案，将工作内容落实到每个团队成员身上。

同时，在会议进行的过程中，要安排一个人做会议纪要。在会议结束后，将会议纪要整理成邮件发送给相关负责人，并抄送一份给老板。

如果你是公司的元老，或是老员工的话，也可以直接邀请老板来参加这场重要的会议。目的是确保老板知悉目前项目的具体安排，在后期询问项目进度或有其他需求时，可以找到真正的负责人，最大限度地保障双方的权益。

（2）分清主次

假如你并不是部门的负责人，只是部门中的一个团队成员，遇到其他部门的领导或者老员工将他的工作跨部门甩给你，你不需要直接拒绝，可以选择用部门的规则来拒绝对方。

确保与领导保持沟通，并优先完成本部门的工作，将本部门的利益和工作秩序放在首位。

比如，你可以告诉对方：

"我非常愿意协助你完成这个任务，但是希望你可以先和我的领导打声招呼。征得他的同意后我才可以将这项任务插入我今天的工作。因为我今天的工作安排得很紧密，如果加入这项任务，可能会导致我原本的任务无法按时完成，甚至会因此遭到批评。

"如果你能征得我领导的同意，由他来调整我今天的工作安排，那么所有的工作都能得到妥善的协调。"

其实，"用部门规则拒绝对方"也可以理解为"甩锅给你的领导"，表示你愿意配合，让对方按照部门规章制度，找你的上一级来协调工作。

你不需要担心你的直属领导是否愿意做这个"恶人"，因为对方之所以私下找你，也是因为他自觉理亏，不想将这件事情放在明面上。当你搬出"领导"这尊"大佛"后，他就会知难而退。

而且，从部门整体利益的角度出发，你的做法是非常明智的，将任务的主次分得很清楚，领导一定乐于为你提供支持和配合。因为他们已经对你的工作进行了详细的规划，你如果私下接受其他部门的任务，就可能会影响领导安排的重要工作。

以我之前的工作经验为例：

我担任 CFO 时，曾经遇到过下属因为协助其他部门工作而未能按时完成我布置的任务。这种情况让我感到非常生气，因为我布置的任务同样重要，并且我设定了明确的时间期限。如果这位下属中间需要插入其他紧急工作，无法按时完成我交代的工作，理应提前和我沟通，以便我能做出适当的调整。

所以，当我们遇到其他人将自己的工作推给你的情况时，不要闷头吃亏，应该把事情摆到明面上谈。

如果对方和你分别是不同部门的负责人，那么就将双方的职责分清，分配好各自的工作，在老板知情的情况下进行友好协作；假如你只是部门的一个小成员，那么你可以选择用部门规则来拒绝对方，优先完成部门领导交代给你的主要工作。

### 3.3.2  正面回应，打破个人职责边界

在我们有余力帮助别人，并且对方的需求在你可以接受的范围内时，可以选择提供帮助。

#### ❶ 打破边界，建立友好关系

因为我们想要在职场发展，就不能将自己的边界设得太清楚，有时候要学会打破自己工作和职责的边界。在力所能及的范围内，适当给予他人一点帮助。等下次你遇到麻烦的时候，对方也会慷慨地帮助你。

假设你是一个刚进入公司的新人，想要快速融入团队，就不要害怕自己会给别人添麻烦。当你遇到问题时，可以适当向

你的同事寻求帮助，通过解决一些小问题或麻烦来增进彼此之间的交流和合作。

但需要注意，给别人添麻烦应当适度，如果你不慎制造了一个大麻烦，不仅会给你的同事带来困扰，还可能对你的职业发展产生负面影响。

在我的职业生涯中，我一直贯彻这个原则，在其他部门向我寻求帮助时，始终保持积极的态度，并力求将这些"额外"的工作做得尽善尽美。这个做法帮我赢得了很多同事的认可和尊重，并且收获了许多的人脉资源。

### ❷ 成就别人，也是成就自己

在工作场合中，我们不应将眼界仅仅局限于目前的这一份工作上，要知道，当我们赠人玫瑰后，就算我们离开这家公司，曾经的举动也可能会继续以某些我们不知道方式，源源不断地为我们创造价值。曾经我就经历过这样一件事，让我体会到成就别人的意义与价值。

我在某家公司任职时，和公司的秘书有很多工作上的接触，我非常认可他的工作能力。因为这位秘书不只在工作上非常努力，表现突出；在他的工作范围之外，也为我们部门提供了非常多的帮助。

离开这家公司很久以后，我再次听到了这个秘书的消息，当时他正在我朋友任职的公司面试。这位朋友打电话给我，因为他发现这位秘书的工作经历有和我重合的地方，所以问我认不认识这位秘书，对他的印象如何。

想起这位秘书尽职尽责的工作态度，以及他曾经对我的帮助，我告诉我的朋友，他这个人非常认真负责，而且对工作很仔细。我的朋友听了我对他的评价，并综合考虑了其他因素后，将这位秘书招到了他们部门，担任助理一职。

赠人玫瑰，手有余香。当我们做出成就别人的行为时，不仅仅是在帮助别人，同时也是在提升自己的品格和价值。在职场中，如果我们为了帮助他人，做了超出我们的工作范围的事，其实不只能够获得同事、领导的认可，还可能为自己积累宝贵的职业资源。

### 3.3.3 如何让不配合的同事主动承担责任

职场案例

**同事不配合分配的工作怎么办**

小林目前正在筹备一场嘉年华活动，急需公司其他部门提供支持。为此，他特地组织了一次项目讨论会，期望能够明确各部门的职责。

然而，在会议中，小林发现有一项关键工作始终无法明确落实到具体负责人。每当提及这项任务，相关部门的同事便如同踢皮球般，将其推给其他部门，似乎与自己毫无关系。

小林百思不得其解，心中不禁抱怨："这位同事怎么总是摆出一副事不关己、高高挂起的态度？好像任何工作都与他无关，给他什么活都往外推。这样下去，整个项目的进度肯定会受影响。"

## 案例分析

其实这个问题并不难解决，大家可以回想一下我们以前乘坐的那种老式绿皮火车，或者赶春运动车的经历。到了用餐时间，乘客们就会起身打热水来泡方便面，必须要在拥挤不堪的过道里艰难行走。

这时，此起彼伏的"借过"声往往无法将人潮分开。但当你提醒大家"开水很烫，大家小心"时，你的周围就会瞬间出现一个真空地带，并且随着你的行走不断推移。

这是因为每个人眼中都有自己认为重要的事情，我们没有资格要求别人按照自己的意愿行动。即使你认为这件事和他有关系，但只要他本人没有意识到这一点，那你就只能选择接受。

## 解决之道

在上述的案例中，小林需要做的就是让这项工作与那位同事产生关系，激发他的主观能动性。例如，他可以告诉对方，这个项目会在最繁华的市区举办，可能会吸引大量人来参与。如果做好了，这项任务不仅能为他个人带来更多展示、曝光的机会，还可能有助于未来他的升职加薪。

# 3.4
## 灵活转化，规避矛盾

财务部门和业务部门的职能存在较大差异，财务部门更关注流程制度的控制、风险管理等，而业务部门则更注重业务增长和开拓性，而这势必会带来一定风险。基于这个原因，二者在进行跨部门协作时经常出现冲突。

### 3.4.1 建立系统，转移矛盾

建立系统是指通过计算机辅助系统⊖将一些人工环节换掉，进而将人际矛盾转化为人与系统间的矛盾。或者是通过建立健全的流程制度提升企业整体运营效率。这不仅有助于实现更为顺畅和标准化的业务流程，还能为企业创造长期价值。

---

⊖　计算机辅助系统（Computer-aided system）是利用计算机辅助完成不同类任务的系统的总称。比如，利用计算机辅助进行工业设计的系统称为计算机辅助设计（CAD），利用计算辅助进行翻译的系统称为计算机辅助翻译（CAT）。

## ① 建立计算机辅助系统

职场案例

### 未建立报销系统前，报销容易遇到的困难

在未建立报销系统前，企业通常都是使用传统的报销流程，由业务人员携带报销单据前往财务部门进行手工报销，这种方式不仅效率低下，而且容易引发各种问题。

①财务部门需花费大量时间处理不规范的票据，如票据丢失、发票不齐、发票没贴全、发票填写不规范等。

②传统报销流程容易激化业务部门和财务部门之间的矛盾。无论是业务人员还是财务人员，在多次遭遇报销因不符合规范而被驳回的情况时，都容易产生情绪。

业务人员可能会认为财务人员过于挑剔，产生不满的情绪；而财务人员则可能会感到烦闷、无奈，为何业务人员总是无法按照规定的格式正确填写报销信息，进而导致双方之间的紧张关系升级。

解决之道

当我们为公司搭建线上报销系统后，这些问题就会迎刃而解。因为线上报销系统有一套固定审核发票的标准，具体到发票抬头是否正确、发票填写是否规范、发票的盖章是否正确清晰、发票是否存在涂改的情况、发票是否仍处于报销的期限内等内容。只要上传的发票不符合其中某一条，就会被系统

驳回。

如此一来，业务人员和财务人员之间的矛盾就被转化为系统与用户之间的矛盾。业务人员再遇到报销问题时，他们会将问题归咎于系统的设计不够完善和不人性化，不会再因此与财务人员直接对立，甚至有时候还会和财务人员一起吐槽系统的某些缺陷。

### ② 建立完善的流程

财务部门需要和业务部门进行对接的工作很多，计算机辅助系统虽然能够提升工作效率和准确性，但无法完全替代人工的判断和沟通。

因此，建立健全的流程显得尤为重要。部门之间出现矛盾或冲突时，有明确的流程和规则作为依据，能够确保双方在有法可依、有章可循的前提下进行沟通和协商。这样不仅可以减少误解和摩擦，还能保障公司的整体利益。

我们在建立流程时，必须考虑以下三点：

① 流程必须兼具全面性和可操作性

确保可以覆盖大多数场景，并且能够清晰指导双方的行为。

② 流程应该具有灵活性和适应性

能够根据公司的发展和市场环境的变化对流程进行适时调整，保障公司权益最大化。

③ 流程必须具有权威性

流程的内容应该得到公司高层的支持及全体成员的认可。建议可以通过内部会议或培训的形式将流程告知全体员工，并在会议上对内容进行签字确认，以确保其在整个组织中得到有效的贯彻和执行。

综上所述，合理的流程应具备全面性、可操作性、灵活性、适应性以及权威性。只有这样，它才能成为财务部门与业务部门之间顺畅对接的有力保障，推动公司的持续健康发展。

## 3.4.2　向上管理，获得发言权

财务部门在和业务部门进行协同时，经常作为辅助角色出现，为业务部门提供必要的财务分析和支持。这种角色定位可能导致财务部门在某些情况下话语权相对较弱，甚至有时会受到业务人员的排挤。

想要从根源上解决这个问题，履行好财务部门的各项职能，财务部门的管理者就需要做好向上管理，从总经理或者董事长那里获得话语权，确保财务部门在公司的核心地位。

### 1 如何做好向上管理

无论是在企业还是其他组织中，一旦你获得上级或者领导的支持，就意味着可以为个人或部门带来更多的发言权和更大的影响力。

部门管理者在日常工作中，可以通过以下三个方面做好向上管理：

第一，了解高层人员的战略目标和期望，确保财务战略与业务战略保持一致。这样，部门的工作成果更容易得到高层人员的认可和支持。

第二，定期向上级汇报部门工作进展、遇到的挑战以及取得的成果。同时，积极寻求反馈，以便及时调整工作策略和方向。

第三，借助实际成果和数据展示部门工作的价值和对公司整体目标的贡献。比如，通过财务部门的努力为公司降低了多少成本，堵住了多少漏洞，尽量细化和量化到具体的金额，这样可以让高层人员更直观地看到财务部门工作的成效。

### ❷ 获得发言权

管理者在与其他部门产生分歧时，可以通过获得上级管理者的支持来增强自身的影响力。这样的支持不仅有助于管理者在决策过程中获得话语权，更能在项目中占据主导地位。同时，这种支持还能提升管理者在部门内的声望，增强团队成员的向心力。

积极地进行向上管理，是管理者获得上级信任和尊重的关键。一旦建立起这样的信任关系，便为后续争取话语权奠定了坚实的基础。然而，仅仅依赖上级的支持是不够的，管理者在面对具体情境时，还需要做好以下四点，以确保真正获得话语权。

① 管理者必须清晰阐述自己的观点和需求，确保上级能够准确理解自己的意图。

② 通过充分的材料支持和数据分析，论证自己的观点；从公司的整体利益出发，而不是自己部门的利益出发，分析产生分歧的方案存在什么问题，为何不予通过。

③ 管理者提出具体的实施方案和建议，展示自己解决问题的能力。最好提出不少于 2 个建议，以便于上级进行选择和判断。

④ 在争取上级支持的过程中，还应尽量保持积极耐心的态度。因为上级可能需要时间来考虑和权衡各种因素，做出最明智的决策。如果你表现得过于急躁冒进，不仅会让上级对你的合作精神产生怀疑，还可能破坏目前已建立的信任关系。

### 3. 做一个好的协调者

假如将企业看作一台正在运行的巨大机器，企业中的各个部门相当于机器中的部件，它们有不同的功能和职责。这些部门之间的协调与配合，就像机器中的齿轮和链条一样，紧密相连，共同推动着公司的运转。

#### （1）协调者存在的必要性

在机器运行的过程中，各个部件之间的摩擦和磨损是不可避免的，有时候必要的摩擦还可以让部件之间配合得更紧密。比如，部门之间的分歧有时候反而能促进双方之间的信息交流，激发团队之间的竞争力。

但是当这台机器中的部件过度摩擦或磨损时，整个机器的运作就会趋于缓慢，甚至陷入停滞的状态。在这种情况下，就像机器需要润滑油来保持其顺畅运转一样，公司也需要特定的"润滑油"角色来调和各部门间的关系，确保整体运作的流畅。

（2）如何扮演"润滑油"的角色

财务部门作为公司的核心部门，非常适合扮演"润滑油"的角色，因为它不仅是资金流的调控者，更是各部门间合作与协调的推动者。

当两个部门之间由于某些原因出现冲突时，财务部门可以发挥话语权，展现自身的价值，通过精准的财务数据和合理的预算方案为双方提供方向，将双方的视线都集中在一处，化解目前的纷争；或者通过专业的财务分析帮助各部门规避风险，为双方提供客观、全面的分析和建议。

虽然财务部门在维护公司运转中起着重要作用，但它并不能解决所有问题。其他部门也需要为公司的稳定发展贡献力量，共同推进公司建立更加完善的制度和流程，以减少部门间的摩擦和冲突，提高整体运作效率。

### 3.4.3　高情商沟通

在公司中，我们不仅要坚守原则，严谨认真地完成每一项任务，同时也不能忽视人情世故的重要性。毕竟人类是群居动物，习惯彼此之间相互关照、相互协助，情感是我们日常生活中不可或缺的一部分。

并且，部门协同需要大量的沟通环节，如果我们能学会高情商沟通，将会避免很多不必要的问题。

**1　不战而屈人之兵**

"不战而屈人之兵"，指的是不通过双方军队的兵刃交锋，便能使敌军屈服。很多职场人在跨部门协同中经常犯一个错误，习惯通过施压，催促对方尽快完成自己委托的任务。然而，这种做法往往适得其反，可能引发对方的抵触和厌烦情绪，从而影响团队协作的效率和氛围。

那么，应该怎样做才能"不战而屈人之兵"呢？大家可以参考下面的例子，做到真正的高情商沟通。

我 1996 年至 2001 年在普华永道中天会计师事务所是一家全球排名前四位的会计师事务所，它的主要业务是审计及财税相关咨询服务。我在此任职期间，经常需要长时间出差，有时候出差时间甚至会超过 11 个月。

出差期间，有些花费通常需要自己垫付。那么在这么长的时间里，报销单的数量就相当可观，垒起来都有厚厚一叠。

那时候还没有线上报销系统，因此出差结束后，便要将这些报销单递交至财务部等待审批，进入流程排队。因为咨询工作需要频繁、长时间地出差，所以财务部每个月需要处理大量出差报销凭证，很难保证收到报销单的第一时间就能处理。并且我提交的报销单数量较多，时间跨度较长，财务人员需要花一定的时间整理、核对才能完成审批。

按照公司的流程，我的报销款项可能需要1~2个月后才能到账。由于大部分工资已用于垫付报销费用，而报销款项又需等一段时间才能到账，我个人面临着资金紧张的局面。

为了缓解这一困境，我采取了一个独特的"加速包"策略，使得我的报销审批过程显著加快，有时第二天就能完成审批。

这个"加速包"策略其实很简单。我每次出差回来，都会给财务部的同事精心挑选当地的特产或者特色工艺品作为礼物。有时，我也会直接将一些零食放在财务部，和财务部的同事们可以一起分享。这些小小的举动不仅增进了我和同事间的友谊，还让同事们感受到我的友善和感激，使得他们在处理我的报销单时更加积极高效。

建议大家可以尝试通过高情商沟通与对方建立良好的人际关系。这是一个高效且人性化的沟通方法，不仅能够减少冲突和误解，还能够激发对方的积极性和责任心。当对方感受到你的尊重、理解和支持时，他们自然会更加投入和认真地对待你所委托的工作，从而实现更好的协同效果。

### ② 巧妙向同事借力

"有空吗？能帮我个忙吗？"——这是我们遇到困难后，向别人寻求帮助时会用到的经典句式。这句话看似礼貌得体，确认了对方是否在线或方便进行交流，避免在对方忙碌或不便时打扰，并且完整地表达了语意。

实际上，这条消息发出后往往石沉大海，很难收到准确的回复。因为每个人都有自己的工作需要完成，当你没说清楚"帮忙"的具体内容时，他们无法保证是否有空帮你、到底要不要帮你，万一你提到的"帮忙"是个大麻烦呢？

所以，在收到这样的消息后，对方通常并不会贸然应下，而是会选择保持沉默，先做好自己的本职工作。

在寻求帮助时，我们需要从对方的角度出发，思考他们在什么情况下愿意提供帮助。

在《职场晋升 101》一书中，作者曾提到这样一个借力技巧公式：学会先和对方强调某件事情的重要性，再明确自己的局限性，最后强调对方的重要性，以此来达成目标。

我们在工作时，完全可以参考这个借力技巧公式。

将这个公式分解一下，你的第一句话，要把你希望他"如何帮忙"说清楚；接着，你要给他一个"帮你的理由"，即明确你的局限性和强调对方的重要性。如果是平时关系不错的同事，也可以用"我请你喝咖啡""我请你吃饭"作为帮忙的答谢。

总的来说，寻求帮助时不仅要表达自己的需求，还要站在对方的角度考虑，给予他们充分的理由和动力来提供帮助。同时，适当的答谢也能增进同事之间的关系和信任。通过这些方法，我们就能在职场中更好地借力，实现个人和团队的共同成长。

### ③ 获得跨部门资源

跨部门资源指的是跨部门人际资源，其对于职能部门来说是至关重要的，因为职能部门需要和许多部门协同工作。拥有跨部门资源，也就意味着你在跨部门协作时会比别人更顺畅，也就是人们常说的"朋友多了好办事"。

（1）如何获得跨部门资源

我们在工作中可以用实际的行动去展现自己的价值，获得同事的尊重，保证在关键时刻可以得到他们的帮助和支持。

除了工作上的正式交流和合作，日常的互动和关系维护同样重要。这种非正式的互动不仅有助于营造积极的工作氛围，提高工作效率，还能够为自己累积更多人际资源。

（2）避免陷入"人际资源"的误区

获得跨部门资源时还需要注意一点，累积人际资源并不是通过投入大量的时间和精力去频繁交际、应酬，更不需要我们与每一位同事都成为推心置腹的好朋友。而是应该用出色的工作能力展现自己的价值，获得同事的尊重；注重与同事之间的日常互动和沟通，建立相互理解、支持的友好关系，让情感成为推动我们共同前进的重要动力。

# 3.5
## 部门协同不只有"公事公办"

部门协同是一个复杂的问题，尤其是职能部门<sup>⊖</sup>和业务部门跨部门协同时，往往涉及多方面的因素，需要各个部门的深入合作和互动。而财务部门作为企业的发动机，是各个职能部门中和业务部门发生关系最频繁的部门。

---

⊖ 职能部门是指组织中对下属单位具有计划、组织、指挥权力的部门，可以根据是否具有行政指挥权分为职能制和直线职能制两种类型。这些部门一般指非生产性、非业务性部门，不直接为企业创造经济效益，但对于企业的运作和管理起着重要的支持和协调作用。这些部门包括但不限于财务部、人力资源部、法务部、行政部和工厂部。

### 3.5.1　公事公办中不可避免的摩擦

大家都知道，我在成为讲师之前，是一名财务从业者。我经常听到身边财务部门的朋友吐槽，觉得和业务部门沟通非常难，因为业务部门经常忽视公司的一些规定，让财务部门按照他们的思路去做，所以经常会发生一些冲突。

作为职场人，我们首先要理解。因为财务部门的职能比较复杂，不可避免会和各个业务部门发生一些矛盾。

财务人员和业务人员之间的关系向来是既合作又互相牵制的状态。财务人员不仅需要支持业务的发展，还要帮助公司对业务部门进行监督和约束，甚至还需要考虑业务部门的需求是否符合国家的法律法规、税法会计制度等。

### 3.5.2　支持为主，监督为辅

财务部门既要对业务部门提供支持，又要对业务部门进行约束。那么就势必要考虑清楚，究竟是将哪一个职责作为重心？

在国外，财务部门被称为"supporting department"，即支持部门。实际上，很多职场人在和财务部门打交道时，经常将其戏称为"stopping department"，也就是终结部门，意味着很多事情到了财务部门都有极大可能被叫停。

这和上文提到的财务部门的职能有关系，因为他们要考虑国家的法律法规和公司的规定，如果不符合，财务部门就只好将你的需求驳回。

这种做法从制度规定的层面来讲是没有问题的，但是部门之间协同不只有公事公办，财务部门也不是公司的法官。财务部门作为企业的发动机，应该将企业的发展放在首位。

### 1. 做好风险评估：找到适合企业发展的最佳平衡点

风险评估是确保企业稳健发展的重要保障。财务人员在进行风险评估时，应找到企业发展与风险控制之间的最佳平衡点，在确保风险可控的前提下，实现企业的长远发展。

在某些情况下，即使你的行为可能有点冒险，但只要能为企业带来积极的发展，那么这种小小的冒险还是值得的。

那么，在什么情境下，我们可以进行这种"小小的冒险"呢？大家可以参考以下的例子，找到适合企业发展的最佳平衡点。

我曾在一个外资集团任职过，它当时正在参与一个重要项目的投标，这个项目对我们公司至关重要，甚至被定位为公司的年度战略项目。

某天快下班时，项目的主要负责人忽然找到我，希望我可以给他批一笔业务招待费。因为客户公司负责招标的项目组打算晚上在一家酒楼吃饭，顺便进行团建，对方打电话给我们公司的业务负责人，告诉了他这个消息，并希望可以趁这个机会和我们公司的业务人员聊一聊。

业务负责人打算由我方主动将客户这次团建的费用承担下来，这会加强我们和客户之间的亲密度。但预计的支付数额已经超过了我的审批额度，我立即给国外的财务负责人打电话申请这笔资金。这位财务负责人了解了情况后，问了我一个问题："如果我给你批了这笔费用，你确保可以通过这次饭局拿下这个项目吗？"

对此，我的回答是，虽然无法保证一顿饭就能拿下这个项目，但我认为这是一个增进了解和沟通的重要机会。目前是谈判的关键时刻，如果不主动采取行动，反而让其他公司占了先机，项目的进展将会面临更大的困难，我们甚至可能会直接出局。

财务负责人被我的答案说服了，但是他的审批权也有限，离业务负责人的预算还有些差距。马上就要下班了，留给我和业务负责人的时间不多。基于公司整体战略，我选择特事特办，在领导审批的金额外，又取出来一部分备用金。当然，这部分超额备用金我和业务主管都签了字。

虽然特事特办，但是监督的流程还是要继续执行。我带上了一个财务人员，跟着我和业务负责人一起去参加这个项目的团建和聚餐。

聚餐结束以后，实际支付的费用远远低于我们之前的预估，我悬着的一颗心也算是落了地。对方领导对我们公司的反应速度非常诧异。因为他们其实不只通知了我们一家公司，还在同一时间通知了其他意向合作公司，唯独我们公司的反应最迅速。并且我们公司还是一家外资集团公司，审批流程会比其他公司更严谨，却能达到如此惊人的速度。

一个月以后，这个项目就成功了，我和这个项目的业务负责人都受到了表扬。

有风险也就意味着你获得的价值会更多。我们在评估风险和收益时，应该努力在其中找到一个适合企业发展的最佳平衡点。但是，这一切的前提是你不能违反国家法律，也不能触及你的底线。必须守住自己的初心，才能更好实现你的目标。

### ②  保持灵活性

在与业务部门协同工作时，需要保持灵活性。即在对业务部门"说不"时，也要给对方 2~3 条合理的建议。

当我们遇到某些对企业发展有重大意义的项目时，可以参考以下三点，做到在坚守原则的同时，给予业务部门合理的指导和建议。

① 简化或合并部分非必要的步骤，提高项目审批的效率，使得业务得以快速推进。

② 针对一些紧急或重要的项目，我们可以建议董事会给予项目负责人一定的权限，让他们能够直接与最高负责人对接，避免层层审批带来的时间延误。

③ 主动提供协助，通过专业的财务分析为业务部门提供参考方案，并积极听取业务部门的意见和建议，不断完善工作。

需要注意的是，这些灵活性措施必须在合理合法的基础上进行，并时刻保持着和业务负责人以及董事会的沟通。

### 3.5.3 站在公司角度考虑利弊，不要害怕发生矛盾

"支持为主，监督为辅"并不意味着财务部门需要无条件地配合业务部门。当业务部门的行为触及红线时，财务部门一定要履行好监督职能，坚决制止这种行为，不要害怕和业务部门发生矛盾。

财务部门在工作中最常遇见的问题就是：这个字可不可以签？要不要签？大家可以在下面这个案例中找到答案。

我的好朋友是一家合资公司⊖的财务总监。这家合资公司有两个股东，一个大股东占 51% 的股权，另一个小股东则占 49% 的股权。总经理是大股东派来的，CFO 是小股东派来的，分别代表着各自股东的利益。

有一天晚上，我和这位朋友在吃饭时，他的手机忽然响了。来电的人是公司的总经理，他正在跟一个供应商谈一笔关

---

⊖ 合资公司，又称合营，简称 JV（joint venture），一般定义为由两家公司共同投入资本成立，分别拥有部分股权，并共同分享利润、支出、风险及对该公司的控制权。

于服务器的采购，涉及的金额很大。总经理希望我的朋友可以马上到现场，因为他已经谈妥了，正准备签合同。

我的朋友接到这个电话后，就急着要去参加谈判签字。我马上把他拦下来，让他先不要着急。按理来说，数额这么大的采购是应该由财务总监的上级 CFO 参加，或者是由 CFO 通知财务总监参加，而不是由总经理直接通知财务总监参加。

也就是说 CFO 可能对总经理正在谈的这笔采购并不知情，如果财务总监直接越过 CFO 在这个采购合同上签字，不光是越权，甚至还会侵犯小股东的利益。

我将这些猜想告诉了我的朋友，他马上反应过来，并打电话给 CFO 确认情况，但当时 CFO 的电话是关机的。

我还是建议我的朋友要先到场，并且积极参与谈判、配合业务。但最终一定不能签字，不然就是越权。

最重要的一点是，合资公司在进行大额采购时，会涉及股东双方利益，因此决策过程尤为敏感，双方代表通常都应该在场。

但是，在本次采购中仅出现了大股东派出的代表——总经理。CFO 作为小股东派出的代表，对总经理要起一定的牵制作用，却在本次采购中意外缺席。这说明本次采购可能会损害小股东的利益。

一旦你在这份合同上签字，你就会成为股东之间博弈的牺牲品。小股东可能会找你进行谈话，就这份采购合同向你追责。

听完我的分析后，这位朋友马上就想明白了其中的关键，他向我表示感谢，随即立刻赶回公司。果不其然，CFO并不在场。

在谈判的过程中，这位朋友一直表现得很配合。到了需要签字的时候，他和总经理说："按照公司的流程和制度，CFO才有权在这份文件上签字，就算我现在签字也是无效的。我已经把今天谈判的会议纪要都记录下来了，明天我会向CFO报送会议情况，再由CFO来签字。"

这个例子中，总经理的做法不仅违反了公司的规章制度，甚至伤害了部分股东的利益。面对这种情况，我们要站在公司的角度上权衡利弊，优先保证公司整体权益最大化，不要害怕会和其发生矛盾或冲突。

#### ▰▰▰ 内容延伸：财务工作者应该树立什么样的三观<sup>○</sup> ▰▰▰

财务工作关乎公司的财政命脉，做好这项工作不仅需要过硬的专业素质，还需要有正确的三观。

中国企业会计制度和企业会计准则将财务会计的一般原则归纳为：客观性、实质重于形式、相关性、可比性、一贯性、及时性、明晰性、权责发生制、配比性、谨慎性、历史成本、划分收益性支出、重要性十三项。

---

○ 齐昊. 齐昊趣谈财务管理 [M]. 北京：机械工业出版社，2022：08-11.

通过多年的财务管理实战经验，我总结出财务管理工作中需要遵循四条处世之道。以上文十三项原则中的三项原则即重要性原则、实质重于形式原则、谨慎性原则为基础，然后再加上一个合作原则。

（1）合作原则

合作原则指的是财务人员在工作中需要遵循合作精神。

基于企业战略，财务人员可以充分发挥灵活性优势，在工作范围内向业务部门提出建议，然后双方进行讨论，拿出真正解决问题的方案。

如果双方出现了原则底线上的分歧，当业务部门不接受财务部门的意见甚至要突破法律底线的时候，财务人员可以向CEO、董事会，甚至是会计师事务所寻求帮助。

（2）重要性原则

重要性原则，指的是作为管理者在无关紧要的事情上可以减少细节上的过问，少花时间，放权给下属。但是在重要的决策上需要严格把关，甚至有些时候需要亲力亲为，避免出现纰漏，并且应该更关注与企业生存战略相关的业务或者事件。

（3）实质重于形式原则

实质重于形式原则，就是透过现象看本质的能力。

公司对员工进行业绩考评时，通常都是按照量化指标进行打分，正是因为"实质重于形式原则"。投资者对于被投资公司的业绩进行评估时，也是通过看财务报表的数据，以此作为最重要的参考。因为不管你讲的故事有多美妙，总是有个结果摆在那里。

（4）谨慎性原则

谨慎性原则是指要尽可能地多考虑到风险，同时衡量风险的频发性和后果是否能够承担，来为企业制定更加可靠的决策。这些风险包括但不限于：运营风险、法律风险、道德风险等。

職場沟通与复杂关系应对　练就高情商

第 4 章
说话的艺术

# 4.1
## 语言的力量

　　语言的力量在于它的表达力和影响力。通过语言，我们能够将自己的想法和情感传递给他人，并与之建立深厚的联系。法国喜剧作家莫里哀（Molière）曾经说过："语言是赐予人类表达思想的工具。"

　　语言带来的力量不可小觑，我们应重视语言的力量。同时，也要警惕负面语言带来的伤害，学会用善意和尊重去表达我们的观点和感受。

### 4.1.1　语言是有力度的

#### 巧用语言瓦解五星度假村工作人员的贪污同盟

　　2008 年，我应鹰冠庄园股东 Michael 的邀请担任这家度假村的财务负责人。鹰冠庄园是一个在悉尼著名的旅游风景区内运营超过 30 年的五星级度假村。这个度假村先后换过 6 任股东，全都是因为破产离开的。

　　经过调查发现，这个度假村之所以一直处于亏损状态，是因为 166 名员工互相勾结，在物资采购环节进行贪污，悄无声息地把企业的利润和股东的资金转移到自己的钱包。

度假村想要扭亏为盈，必须对采购体系进行改革。但员工们尝到了贪污的甜头，忽然将他们的利益来源截断，很难保证他们会做出什么事。我的人身安全都有可能受到威胁，我只能徐徐图之。

经过仔细观察，我发现餐厅的大厨人缘极好，在度假村的员工中有着很大的影响力。于是，我找他进行了一场谈话。

我开诚布公地和大厨聊了度假村亏损的原因，大厨却不以为然。因为他知道度假村离市区很远，只能聘用当地为数不多的居民为员工。为了避免"用工荒"，度假村只能对他们的贪污行为"睁一只眼，闭一只眼"。

眼看对方冷眼旁观，我便将继续贪污可能导致的后果告诉大厨："如果你们继续贪污，想必度假村很快就会再次破产。到时候现任股东会遣散现有的 166 名员工，保留度假村房屋土地，等地价升值后转行做房地产，到时大家要一起失业。"

听到源源不绝的财路可能会变成"一锤子买卖"，大厨产生了动摇，我于是趁机给了他一个台阶，希望他可以站出来支持我进行改革。我承诺企业可以保留他的整个团队，并且将采购体系改革给他们造成的灰色收入损失以奖金的形式发放。

大厨听了我的想法之后，抵触的态度有了明显的松动。我决定再给他加把火：假如他不支持我改革，根据目前我们手上的证据，他和他的厨房团队将会面临法律的指控。他的团队权衡了利弊后，一起站出来支持我改革。一年之后，度假村扭亏为盈。

语言是有力度的，它往往能促成单靠一己之力成就不了的事情。

假如我不进行这场谈判，直接进行改革，遇到的阻力肯定非常大，而我作为一个外国人，是很难与这些扎根当地的员工斗争的。

《史记》中有一句话："三寸之舌，强于百万之师。"包括我们的先贤孔子也十分重视"谈说之术"，认为"一言可以兴邦，一言可以丧邦"，他把"言语辞令训练"作为教学的主要内容之一。

引申到我们的职场中，可以理解为"沟通力"或"谈判学"。一切交涉、商量，都可以看作是谈判。我们每天其实都会主动或者被动地参与各种谈判，只要你掌握了语言的力量，就可以在谈判中立于不败之地，用最小的成本创造最大的收益。

## 4.1.2　在职场中如何充分发挥语言的力量

**1** 使用有温度的语言，构建正向人际关系

从二十多年的职场生涯中，我悟到了一个关于沟通的法则：当人们对彼此之间了解较少的时候，沟通的时候更要谨慎。

（1）语言的温度决定人际关系的深度

俗语有云："良言一句三冬暖，恶语伤人六月寒。"语言不

仅能增进彼此之间的认可度，同样也能造成人际关系的破裂。有温度的语言则是沟通的助推剂，可以带来意想不到的效果。

比如在职场中，平易近人型的领导往往比高冷型的领导更受下属欢迎。这是为什么呢？

因为平易近人型的领导总是让下属感觉如沐春风，用简单的三言两语就能指明方向，还隐含了对你的鼓励和期盼，非常高明地使用语言的力量来调动下属的内驱力。他们善于用有温度的语言构建正向人际关系。

在职场中，我们也更倾向于与性格温和、善于沟通的同事共事，因为他们能够营造和谐的工作氛围，促进团队的协作。

相反，那些恶言恶语的同事，往往会让人心生反感，影响整个团队的士气和效率。案例中的小李就是一个典型的例子，他因为习惯使用恶言恶语与人交流，最终在职场中吃了大亏。

小李在日常工作中经常和同事发生冲突。因为他总是有意无意地用尖锐的言辞抨击与自己意见不合的同事，所以大部分同事都不喜欢和他交流。

有一天，小李负责的一个重要项目突然遇到了一个棘手的问题。于是，他向周围的同事求助，希望能够得到一些建议或支持。然而，出乎他意料的是，平时看似和睦的同事们此时却纷纷回避他的请求。

小李感到十分困惑和沮丧，他不明白为什么在自己需要帮助的时候，没有人愿意伸出援手。后来，小李从一位与他关系较好的同事那里得知了真相。原来，他的恶言恶语已经让同事们对他产生了不满和反感。他们认为小李傲慢无礼，不愿意与他合作，更不愿意在他需要帮助的时候给予支持。

这个案例告诉我们，恶言恶语不仅会伤害他人，还会损害自己的形象和声誉。我们应该学会用温和的、尊重对方的方式与人交流，建立良好的职场关系。只有这样，我们才能在需要帮助的时候得到他人的支持和协作。

我们一生中的绝大多数时间其实都在工作，我们和同事相处的时间甚至远多于家人。拥有健康和谐的人际关系，才能更好地完成工作，拥抱生活。

俗话说：伸手不打笑脸人。当你对别人充满善意时，别人下意识地对你也会更包容。人是情感动物，温暖的语言往往让我们的心里充满感动、欣喜，甚至是感谢，有时候还会给予我们希望和勇气。

（2）如何把控语言的"温度"

植物的生长离不开适宜的温度，过高或过低的温度都可能对它们造成不可逆的伤害，甚至威胁到它们的生命。同样地，在人际交往中，我们想要营造舒适和谐的交流氛围，也需要把控好语言的"温度"。

真诚往往能够赋予语言"温度"。在交流中，我们应当坦诚而直接地表达内心的想法和感受。这种真挚的态度能够打破沟通的壁垒，使得交流的双方更加信任彼此。

而积极的语言，则是提升语言"温度"的强力助燃剂。它能够鼓励人们在面对困难时保持乐观的态度，传递正能量，帮助人们克服困难，迎接挑战。

尊重则是把控语言"温度"的调节器。它要求我们在交流中尊重他人的观点和选择，不轻易否定或贬低他人。同时，我们还要理解他人的处境和感受，尽量用体贴入微的话语给予支持和安慰。

因此，我们在与人交流时应该注重把控语言的"温度"，用真诚、积极和尊重的态度去对待他人，用温暖的语言搭建桥梁。在实际应用中，有温度的语言可以表现为关心他人的问候、体贴入微的建议、鼓励支持的赞美以及善解人意的倾听等。这样的语言能够让人们感受到温暖和关爱，增强彼此之间的情感联系，促进人际关系的和谐发展。

### ❷ 好的语言表达能力可以成就你

职场案例

#### 小林的苦恼

小林任职于一家大型连锁酒店的财务团队。最近，部门的直属领导即将离任，大家都在争取这个职位，但是领导却有意于一个能力明显不如他的同事。这让小林感到非常郁闷：为什么领导看不到我的优秀呢？百般无奈之下，他向我寻求帮助。

我发现他的个人简历非常漂亮，他在大企业有许多年的工作经验，还有注册会计师、注册资产评估师、证券从业资格证、税务师等证书，在职期间的工作成绩也很亮眼。按理来说，这样的人才可以在职场中如鱼得水，但是他却一直没有得到晋升的机会，到底是为什么呢？

案例分析

其实小林的问题就出在语言表达能力上。很多人觉得工作中只需要努力做好分内的事情就可以了，其他的尽在不言中。或者认为过分张扬自己的成就或者能力就是爱出风头，有悖于"谦虚有礼"的传统美德。

实际上，这样的想法对于职场晋升来说是非常不利的，真正的职场高手都是既会做又会说。你的领导或者老板并没有那么多时间观察你，他们更多的是通过你的个人工作总结或者你在日常中的汇报来了解你。

在职能部门工作的人更需要注意这点，因为职能部门的工作通常很难进行阶段性的汇报，有的工作也无法用量化的指标来衡量，更需要考虑如何才能让领导、老板看到"我"创造的价值。

"花开幽谷无人知，你不要等别人看到你的优秀。"我告诉我的朋友，"你要走到大家的面前来，向大家展示你的优秀能力和工作成果。"此后，他也想明白了其中的诀窍，马上调整了自己平时汇报的风格，主动争取，很快就因为出色的分析能力被老板注意到并得到了一个加薪的机会。

如果大家仔细观察一下，就会发现小林的故事并不是个例。进行小组合作时，我们通常会推举表达能力好的人来汇报工作，他们也更容易被看见、被提拔。包括在面试中，语言表达能力突出的人也更容易得到面试者的青睐，语言表达能力较弱的人则相对没有优势，因为你都说不清楚自己有什么能力、优点，别人又怎么能相信你可以把事情做好呢？

所以，请大家在职场中不要羞于表达自己。高效表达能让你在职场中走得更远，为你的后续发展蓄能。就算你在一次表达中没有获得期望的收获，但是可以让老板和领导记住你，下次有合适的项目或者资源时，也会优先想到你。

# 4.2
## 重视情绪价值

情绪价值是指一个人可以影响或带动他人情绪的能力。一个人给他人带来舒服、愉悦和稳定的情绪越多，他能提供的情绪价值就越高；反之，他能提供的情绪价值则越低。提供情绪价值整体来说是提供给对方价值认同、身份认同和满足情绪需求。情绪价值与情绪体验的关系如表 4-1 所示。

表 4-1　情绪价值与情绪体验的关系

| 主体 A：情绪价值高 | 主体 A：情绪价值低 |
| --- | --- |
| ↓ | ↓ |
| 受体 B：积极的情绪体验 | 受体 B：消极的情绪体验 |
| ↓ | ↓ |
| 获得情绪收益（幸福、开心、安全感） | 增加情绪成本（伤心、生气、欺骗） |

我看过一个关于"年轻人觉得哪些会影响他们的工作体验"的调查，排名最靠前的回答是"畅所欲言，善于倾听的氛围，尊重员工，对员工的情绪状态和需求关注给予及时的正向反馈"。说明现在大家更愿意遵从内心去快乐地工作，情绪价值已经逐渐成了工作需求。

从另一个侧面来说，情绪价值不仅能影响我们的工作效能，减少沟通成本和协作成本，甚至可以转变成实际生产力。

## 4.2.1　赞美就是给他人提供情绪价值

美国著名心理学家威廉·詹姆士（William James）<sup>⊖</sup> 说："人类本性上最深的企图之一是期望被赞美、钦佩、尊重。"爱

---

⊖　威廉·詹姆士（William James），美国心理学之父，美国本土第一位哲学家和心理学家，也是教育学家、实用主义的倡导者，美国机能主义心理学派创始人之一，亦是美国最早的实验心理学家之一。

听赞美是人们出于自尊的需要，是渴求上进、寻求理解、支持和鼓励的表现。

### 1 赞美他人可以提高工作效能

中国有句俗语"刀子嘴豆腐心"，用来形容内心善良，但是说话尖锐的人。这一类人在职场、生活中并不受欢迎。最主要的原因是，他们在日常生活中习惯通过批评别人的缺点来达到自己的目的。这一类人缺乏沟通的技巧，不擅长发现别人的优点，不会赞美，无法给别人提供正向的驱动力。这导致他们经常付出了很多，却无法达到预期的成果。

在现代快节奏的生活中，大家无暇探究你是一个什么样的人，揣摩你言语背后的深意，只能通过基础的沟通来进行信息交流、完成协作。抱怨、谩骂、争吵并不能解决问题，保持稳定的情绪、学会赞美反而能让你事半功倍，给你带来财富。

赞美是每个职场人的必修课，对合作伙伴进行赞美能把事情办顺畅，提高工作效能。假设你去外面办事，遇到一些工作人员，当你给予他们足够的赞美时，你就能更快达成目的。我在工作和生活中，就经常应用这个方法。

有一次，我跟我的朋友一起开车去打网球。我们打算把车停在网球场旁边的停车场，但是保安拦住了我们。我的朋友便和保安吵起来了，他们越吵越激烈，互不相让。

我连忙调停，客气地跟保安说，你看我们从很远的地方来，对这儿又不熟悉，我们也不知道附近哪儿能停车。我先替我的朋友道歉，他说话可能有点情绪，希望您能理解。

我在言语中给予他足够的尊重和赞美，最终，保安让我们在停车场停了车。

因为很多基层工作人员在工作中经常被刁难，或者受到多方施加的压力，所以他们更希望得到尊重、赞美和鼓励。其实赞美就是给他人提供情绪价值，当你给对方提供了价值认同，满足他们的心理需求，就能激励他们更好、更快地完成你的要求。

### ❷ 赞美在职场中的非凡力量

#### （1）赞美：超越物质的激励方式

对下属的赞美，其实也是一种深切的鼓励。这种鼓励代表了领导对于他们自身价值的肯定和认同，有时候远远超过物质奖励，更能触动下属的内心，激发他们的工作动力。

我在过去的职业生涯中就曾遇到过此类的事情，对此深有感触。

我曾在一家英资集团担任财务负责人，当时前任财务负责人是因为没有搭建好预算体系被开除的，所以我对这项工作有点紧张，用了差不多三个月的时间为这家企业搭建了一个我自认为很完美的预算体系。

到了成果汇报的时候，所有的预算、体系、流程、模板都需要过会确认，所以英国的高管们全来了。他们问得非常详细，就像过堂<sup>⊖</sup>一样，但是会议结束以后，谁也没有说话。我不知道这个结果大家是否认可，所以内心一直很忐忑。

直到第二天我参加他们的欢送会时，我们的董事长忽然冲我招手，让我从后排到前排去，然后伏在我耳边说了一句话："well done!"

虽然当时环境很嘈杂，但是我周围仿佛变成了一个真空地带，完全听不到其他声音，脑海里只剩下这句话在不停地回响，连日来的紧张、忐忑都被轻轻抚平。

虽然这只是简单的一句话，但是对我来说是莫大的鼓励和赞赏。我的职业生涯中有许多波澜壮阔的过往，但是这些小小的温馨时刻反而更令我记忆深刻。

所以当你的下属取得成绩或成就时，请不要吝惜你的赞美和表扬，因为赞美本身是非常有力量的，当你不能给对方提供物质奖励时，赞美能产生非比寻常的效果。

（2）赞美在职场沟通中的妙用

我们在和同事或者老板沟通时，其实也需要赞美，因为赞美是一种高效的沟通技巧，能帮助你更好地协调、推进各方工

---

⊖ 过堂，指旧时诉讼当事人到公堂上受审。

作，减少不必要的冲突。

有时候赞美甚至能给人带来意想不到的收获。比如当两个工作能力相当的员工竞争同一份资源时，老板会更倾向于将资源和机会给更会沟通、擅长提供情绪价值的员工，因为他相信这个员工能创造出更大的价值。

我们在赞美别人时，应该看到对方真正的亮点，进行真诚的赞美。如果你拥有足够的洞察力，即使对方是基层的工作人员，我们也可以在他们身上发现闪光点。

除此之外，还需谨记，不要媚上欺下，一边赞美着领导，一边又打压着基层员工，因为你的老板、领导也会观察你的品行。假如你是仅仅对领导谄媚，但是对下属进行打压或者言语打击，那你迟早会被员工质疑，甚至被投诉到老板那里，从而阻碍你自己的职业发展道路。

### 4.2.2 职场高手要既会做又会说

好的语言表达能力可以让我们在职场中走得更远，赞美也是如此。想要把工作做好，只有执行力是不够的，还需要沟通力，两手都要抓，两手都要硬。

我们可以引申到家庭生活中，讨论一下关于孝顺父母的问题。很多子女对父母的孝顺可能体现在物质方面，包括但不限于：给父母钱、给父母买礼物和生活用品。

第 4 章　说话的艺术

其实这样远远不够，因为老一辈人是从物质匮乏、追求奉献精神的年代走过来的，他们中的大多数人物欲并不高，更倾向于满足个人价值和精神追求。

而且有研究显示：我们在年轻的时候，阅历会随着年纪不断增加，人也会变得更加睿智！但是当我们从中年步入老年以后，又会奇迹般地表现出逆向发展，童心回归，思维变得简单。也就是人们常说的：年纪越大会越像孩子。所以作为孝顺的子女，你要学会哄老人，要赞美他们，为他们提供情绪价值。

而在恋爱关系中，也要学会赞美，做到"既会做又会说"。很多男生经常因无法理解女朋友的需求，导致双方发生争执。

很多男生不大会用言语表达自己的想法，他们更在意行动及物质价值，未给女生提供足够的情绪价值。所以如果想建立一段更和谐、长久的亲密关系，除了提供物质价值，还需要给你的伴侣提供情绪价值。两个维度叠加，感情生活才能越走越顺利。

上述两个例子阐述了一个相同的道理：无论是孝顺父母还是经营恋爱关系，行动和言语都需要相辅相成，二者缺一不可。职场中也是同理，我们必须兼顾行动和言语，学会赞美，才能成为真正的职场高手。

### 4.2.3 赞美公式

"你要别人具备怎样的优点，你就要去赞美他。"英国前首相丘吉尔的这句名言深刻地揭示了赞美的力量。赞美不仅仅是一种即时性的激励手段，更是一种能够激发人内心深处持久动力的力量。

但是赞美也是有门道的，不合时宜的赞美，容易让双方陷入尴尬的境地；言过其实、不切实际的赞美，则会令对方觉得过分肉麻，起到反效果。到底该如何正确赞美对方呢？这里有一个公式可以供大家参考：

**细节事实 + 感受 + 拔高到个人特质 = 有效赞美**

只要遵循这个公式就能完成有效赞美，还能激发对方的能动性。具体怎么应用可以看看下面这个例子。

大家都知道我是短视频的博主，除了讲课外平时也会在平台上发布视频。有一次，剪辑师小瓶子给我剪辑了一个生活视频。我看到这个视频以后非常喜欢，于是马上给小瓶子打电话，并用上文提到的公式赞美他。

首先是细节事实：我和小瓶子说，这个视频的节奏和音乐配合得非常好，而且剪辑出来的效果很像一部美国大片。

其次是我看到这个视频的感受：我特别喜欢这个视频，看到你剪辑出来的成片，浑身的鸡皮疙瘩都起来了。

最后要拔高到他个人的特质：我发现你身上有一个地方和

其他剪辑师不同——你非常有文艺气息，并且你非常了解我的个人风格和需求，剪辑的视频特别贴合我的风格。

这个赞美就是有效赞美，它产生的作用是巨大的。

这么高的评价可能超过了小瓶子的预期，给了她极大的惊喜，会令她记忆深刻。每次剪辑我的视频时她都会想到我对她的肯定，工作热情更高涨。

在小瓶子后续的工作中，她可能每一次都会以这个视频为标杆，希望剪辑得更好，以期得到更多的赞美。假如我只是和小瓶子说这个视频还不错，这种轻飘飘的赞美可能只有即时性的作用。

最后提醒大家，在运用赞美公式的时候，要注意根据情况进行细微的调整。不能只是盲目地赞美，而忽略了沟通的真正目的；最好先赞美对方，然后再适时表明自己的立场和观点。

# 4.3
## 有来有往，才能叫沟通

沟通不仅仅是一方单向传递信息或者表达观点，而是一个需要参与沟通的各方共同参与、相互回应的过程。在沟通的过程中，每一个参与者都扮演着信息的发送者和接收者的双重角色，既需要将自己的想法、情感或需求清晰地传达出去，又需要用心倾听、理解并回应他人的信息。因此，在沟通中尽量避免你一个人的输出，而是要学会适时地提问，包括你面对领导的时候。

## 4.3.1　职场中需要双向沟通

在职场中，沟通是日常工作中不可或缺的一部分。尽管一些简单的指令和任务可以通过单向沟通快速有效地传达与执行。但在多数情况下，只有做好双向沟通才能够确保工作的正确率和完成度。

单向沟通通常适用于那些明确、无需过多解释的指令或信息，"发送者——接收者"的简单信息传输方式确保信息能够迅速传递和直接执行。然而，在职场中，我们面临的问题和挑战往往更为复杂和多变，这就需要我们采用双向沟通的方式。

双向沟通的核心在于信息的交互和反馈。在这种沟通方式中，信息发送者和接收者的角色可以相互转换，这意味着双方都有机会表达自己的观点、提出疑问或建议，并对彼此的意见进行回应。这种互动性的沟通模式有助于确保信息的准确传递，减少误解和冲突的可能性。

在职场中，双向沟通具有诸多优势。

首先，它能够提高工作的准确性。通过双向沟通，我们可以对任务要求、工作进度和可能遇到的问题进行充分的讨论和确认，从而确保工作的顺利进行和高质量完成。

其次，双向沟通有助于改善团队成员之间的人际关系。通过积极的互动和反馈，我们可以增进对彼此的了解和信任，建立更加和谐的工作氛围。

最后，双向沟通对于处理陌生的新问题和进行上层组织的决策会议至关重要。在面对未知的挑战时，我们需要集思广益，共同探讨解决方案；而在决策过程中，双向沟通则能够确保决策的公正性和合理性，减少潜在的风险和隐患。

因此，在职场中，我们应该充分认识到双向沟通的重要性，并在实际工作中加以运用。通过积极倾听、主动表达、及时反馈和协商讨论，我们可以建立更加高效、和谐的工作关系，推动团队的协作和发展。

## 4.3.2 财务管理者如何与老板进行双向沟通

言官在中国的历史舞台上可谓是声名赫赫。他们不仅承担了监督、制约百官的职责，还经常冒死上谏、弹劾君王。

当君王不愿意听取言官的意见，做出罔顾法理和人伦的事情时，就容易导致国家的灭亡。比如历史上有名的昏君周幽王，其烽火戏诸侯的故事可谓是家喻户晓。

周幽王是西周最后的一位君王，他荒淫无道，经常做出一些荒唐的举动。

有一天，周幽王为博宠妃褒姒一笑，竟想到了一个离谱的方法，那就是点燃烽火台⊖，召集诸侯前来勤王。

当周幽王点燃烽火后，诸侯们见到烽火狼烟，以为有外敌入侵，纷纷率领兵马赶来救援。然而，当他们赶到京城时，却发现并无外敌，只有周幽王和褒姒在城楼上饮酒作乐。

褒姒见到诸侯们惊慌失措的样子，觉得十分滑稽，终于展露笑颜。周幽王见状大为高兴，于是又多次点燃烽火，戏弄诸侯。

朝中大臣们纷纷劝谏周幽王，指出他这样做不仅会失去诸侯们的信任，还会给国家带来灾难。但是，周幽王却对大臣们的劝谏置若罔闻，依然我行我素。

果不其然，当外敌真的进犯京城时，周幽王再次点燃烽火，却无人来援。因为周幽王之前多次戏弄，所以诸侯们对烽火已经失去了信任。周幽王在慌乱中被杀于骊山之下，西周王朝也因此走向了灭亡。

这个故事告诉我们，一个君王如果我行我素，不愿意听从臣子的谏言，最终会自食恶果。同时，它也警示我们，无论是工作还是生活中，我们都应尊重并积极听取他人的意见。尤其

---

⊖ 烽火台在古代是传递军事警报的设施，一旦点燃，意味着国家遭受外敌入侵，四方诸侯需立即率兵前来救援。

是作为管理者，更应该避免独断专行，在工作中尽量做到双向沟通。

财务人员在企业运营中就承担了"言官"的作用。在支持业务发展的同时，财务人员还需协助公司对业务部门进行必要的规范和约束，确保公司的运营活动符合国家的法律法规、会计制度等要求。

很多小中型企业的老板缺乏财税风险意识，所以和财务人员的沟通不顺畅。久而久之，他们就会逃避与财务人员进行沟通，在面临一些重大决策时经常忽略财务人员的意见。

面对这种情况，财务人员应履行职责，做企业风险控制的把关人，同时要想办法解决与老板的沟通问题，积极引导老板听从自己的意见，建立良好的双向沟通渠道。

### 场景一：老板决策缺乏财务风险意识

当我们发现老板的决策存在风险时，应该如何处理呢？

#### （1）明示后果：提示风险概率

当老板的决策与财务人员的风险底线发生冲突时，财务人员应明确地向老板描述决策可能引发的各种风险，包括市场风险、信用风险、财税风险。

同时，我们还要对风险发生的概率进行评估，以便老板能够更全面地了解风险状况。有些风险虽然发生的概率极低，但后果严重；而有些风险虽然频繁发生，但后果相对较轻。

我们还需要将这些风险可能引发的后果也列出来，最好能够将预计发生何种损失转化成具体、客观的数字。

通过以上内容，我们可以让老板更直观地感受到风险的实际影响，从而更加重视风险管理。老板可以根据公司的实际情况和自己的意愿，权衡不同利弊得失，找到一个合适的平衡点。

（2）寻找其他解决办法

当老板提出虚开增值税发票等不符合法律法规要求的想法时，作为财务人员，我们的首要职责是坚决拒绝，并明确告知老板这种行为的违法性和风险性。虚开增值税发票是严重的违法行为，不仅会导致公司面临法律制裁，还可能使个人承担刑事责任。

因此，我们绝对不能为了满足老板的某种需求而违背法律法规，而是应该在合法合规的前提下给老板提供三个可行的解决方案，帮助他实现目标，同时确保公司的财务安全。比如通过合理利用国家的税收优惠政策，合理搭建公司股权结构达到降低税务成本的目的。

（3）帮老板把控底线

职场案例

### 财务人员与老板的风险底线是否要统一

有一家上市公司高薪聘请我担任财务负责人，我入职后便一直兢兢业业地完成我的本职工作。不久，这家公司的董事长私下找到我，他指出我们双方的风险底线目前存在一定差异，希望我能够将自己的风险底线调整至与他一致。

我并没有直接回复他，而是说："我很理解您的心情，不过您花高薪聘请我担任公司的财务负责人，是不是希望我来保护公司，保护您的？"

"如果我没有把握好风险，从而导致公司面临巨大的风险隐患，或者您个人面临巨大风险，那将是我巨大的失职。我是来帮助您的，我们的目标是统一的。"

最后，我告诉董事长，作为专业的财务负责人，我会依据企业的实际业务情况灵活地处理问题。但当我认为某些事情可能存在重大风险时，我会坚决反对并提醒他。因为一旦决策失误，不仅我个人会承担风险，董事长和整个公司都可能面临严重的后果。

## 案例分析

这个案例告诉我们，财务人员在实际工作中不能对老板的要求照单全收，否则很容易在沟通中陷入被动，甚至可能给公司造成潜在的风险。将缺乏财务风险意识的老板的决策作为最高标准，更是对专业职责的背离，可能带来严重的后果。

财务人员应履行自己的职责，把握好风险底线，适时提出自己的专业意见和建议，帮助老板更好地理解公司的风险状况和风险承受能力。同时，也可以协助老板制定和完善公司的风险管理制度和流程，确保公司的风险管理工作得到有效执行。

综上所述，财务人员可以通过揭示风险、帮助老板寻找其他解决方法，以及帮老板把控底线等方式处理与老板之间的思维差异，进行双向沟通。

## 场景二：财务人员如何向老板提建议

财务人员的沟通方式、表达能力也能影响老板对财务意见的重视程度。

如果财务人员无法清晰、准确地表达自己的观点和建议，或者表达方式过于复杂、晦涩难懂，老板可能难以理解这些意见。因此，财务人员需要提高沟通技巧，用简洁的语言解释财务风险和建议，以便老板能够更好地理解和接受。

除此之外，财务人员还需要确保专业性，通过财务视角为老板提供精准、有价值的建议，才能最大限度获取老板的信任。

### （1）从财务视角给老板提供备选方案

从财务视角给老板提供备选方案，是财务人员在工作中需要展现的一项重要能力。这不仅有助于老板全面理解公司的财务状况和风险，更能为其提供多样化的决策支持，从而做出更符合公司长期利益的决策。

例如，当公司面临资金短缺的问题时，财务人员可以从改变公司商业模式、清理库存、调整产品价格以及融资等各个角度提出方案。其中仅仅是融资方案就有很多备选方案，如银行贷款、发行企业债券或转让股权寻求风险投资等。这些方案不仅考虑了资金需求的紧迫性，还兼顾了公司的财务成本和偿债风险。

在提供备选方案时，财务人员还需要注意方案是否符合以下三点要求：

第一，确保方案的可行性和合规性，不要提出不切实际或违反规章制度的建议。

第二，将公司的长远发展和战略目标作为前提，确保方案与公司整体战略方向保持一致。

第三，注重方案的灵活性和可调整性，以便随时根据市场环境和公司实际情况的变化进行调整。

（2）充分发挥个人优势：根据业务提出具体方案

与业务人员相比，财务人员对资金流、物流、票据流以及企业的整体数据和税务风险更加熟悉。

这是财务人员为老板提供方案时的独特优势，我们可以利用专业知识，并结合公司的实际情况，提出具有针对性的解决方案。

（3）巧用工具：项目利润预测表

项目利润预测表是进行项目评判的重要的工具，见表 4-2、表 4-3。这两个表是总表，项目利润表还会有很多附表进行支持。这个表会帮助我们从资金和利润的角度进行考量，更能全面反映项目的预期经济效益和潜在风险。

首先，从资金流的角度，项目利润预测表可以详细展示项目在实施过程中的资金流动情况，包括预期的现金流入、流出以及净现金流量。这有助于管理层了解项目的资金需求，制订合理的资金计划，并预测项目的资金风险。

表 4-2　项目资金预测表

| 项目 | 金额 |
|---|---|
| 项目收入 | |
| 项目成本 | |
| 项目税金及附加 | |
| 项目毛利 | |
| 销售及市场推广费用 | |
| 支出 | |
| 项目资金结余（流入为 +，流出为 -） | |

表 4-3　项目利润表

| 项目 | 上年数 | 本年数 |
|---|---|---|
| 主营业务收入 | | |
| 减：主营业务成本 | | |
| 主营业务税金及附加 | | |
| 主营业务利润 | | |
| 加：其他业务利润 | | |
| 减：管理费用 | | |
| 财务费用 | | |
| 营业利润 | | |
| 营业外收支净额 | | |
| 利润总额 | | |
| 减：所得税 | | |
| 净利润 | | |

其次，税务风险也是项目评估中不可忽视的一部分。项目利润表会考虑税务因素对项目利润的影响，包括各种税费和税收优惠政策。通过准确计算税务成本，可以更好地预测项目的实际收益，并制定相应的税务策略以降低风险。

**职场案例**

### 拉面集团门店亏损是否要关停

某个拉面集团上市后因为快速扩张，导致多个门店发生巨额亏损。该集团的管理层认为部分门店需要关闭，但总裁和董事长在决策时犹豫不决，因为每关闭一个门店就意味着可能产生高达100万元的损失。

在这个关键时刻，财务部门发挥了至关重要的作用。他们通过对门店损失进行详细的财务分析后发现：虽然每个门店的投资额是100万元，但实际损失并非如此。

例如，关店虽然会造成装修费用损失，但厨房设备、桌椅等固定资产在其他门店中仍可使用，因此这部分资产并未损失。

此外，房租押金虽然可能会造成一定损失，但也只是短暂的，关店后反而会减轻企业的整体房租成本。另外，如果门店的房租合同正好快要到期了，也可以等待租金到期后再退租，以最小化损失。

并且部分店铺并非完全没有挽回的余地。财务部门建议在关店前，可以先观察一段时间，给各个门店下达严格的业绩指标，看门店是否有起死回生的可能。如果两三个月后情况仍未改善，且房屋租期即将到期，那时再果断退租。

财务部门根据不同情况，对各项成本进行了精确计算，为管理层提供了全面、准确的数据支持，帮助他们做出了明智的决策。

## 案例分析

这个案例充分展示了财务人员通过对数据的细致分析，能够为企业提供更加全面、准确的信息，帮助企业做出更加明智的决策。所以，如何将财务专业用语转化为业务负责人能听懂的话，就成为重中之重。

### 场景三：业务部门与财务部门对风险机会问题意见不统一时，如何让老板听你的

业务部门与财务部门在看待风险和机遇时产生矛盾，这是企业中常见的现象。因为业务部门通常更关注市场的潜力和业务的拓展机会，而财务部门则倾向于从风险控制和稳健经营的角度出发。

当出现这种情况时，财务人员可以采取以下做法。

#### （1）揭示风险，将决策权交给 CEO

财务人员在与业务人员出现分歧后，不应该与其进行争吵，而是应该将决策可能引发的各种风险、风险发生的概率、风险可能引发的结果都列出来。然后将这些信息告知企业中负责日常事务的最高行政官员——CEO。

因为大部分财务部门通常没有最终决策权，只有 CEO、董

事长或者董事会才拥有这项权力。所以财务人员只需要做好本职工作，将决策中潜藏的风险揭示出来。

**（2）以业务战略为主：学会与业务人员共同承担风险**

业务战略是企业运营的核心，指引着企业前进的方向。在一般情况下，财务人员应以业务战略为先，与业务人员共同承担风险。在符合国家法律法规和企业规章制度的前提下，尽量为业务人员提供支持。

此外，财务人员可以通过不断优化财务策略、降低企业成本、提高资金利用效率等方式，为企业创造更多的经济价值。当财务人员的思路、决策和行动与老板的期望保持一致时，双方之间的沟通会更加顺畅有效。

**（3）触及底线：用书面文档向上级表达意见**

财务人员在向老板进行工作汇报时，也要学会保护自己。尤其是在处理敏感问题或重大事项时，最好不要通过电话或者音频的方式进行沟通，应该选择文字沟通，保留好证据链。

如果与你发生分歧的另一方是业务人员，他们和你讨论的内容触及你的底线，比如涉及损害股东的利益，或者可能会产生巨大税务风险，甚至触犯法律底线，财务人员应该拒绝在文件上签字，并且需要将你的意见整理成书面文档，发送给更高一级的领导或者董事会。

假如双方以面谈的方式进行讨论，财务人员在谈话结束后，应尽快通过邮件或其他书面形式向相关领导或董事会成员详细汇报谈话的内容。这样做不仅是为了向他们寻求解决办法，也是为谈话的双方提供一个清晰、明确的记录，确保沟通的准确性和可追溯性。

如果向领导或董事会汇报后仍未得到满意的解决方式，那么财务人员可以选择与会计师事务所进行沟通。大型企业通常会有合作的会计师事务所，它们作为第三方机构，具备专业知识和独立性，能够客观评估问题并提供书面意见。

会计师事务所的书面意见将是一份具有权威性的文件，既可以为你的立场提供支持，也可以为领导或董事会提供决策参考。

总之，在处理敏感或重大事项时，文字记录是保留证据和确保沟通准确性的关键。通过邮件向领导或董事会汇报讨论内容，并在必要时寻求会计师事务所的书面意见，将有助于维护自身权益并推动问题的解决。

## 内容延伸：财务人员如何在签字上避坑

签字是财务人员工作中的重要环节。签字代表了签字人的认可和同意，一旦签字就意味着签字人需要承担相应的法律责任。因此，随意签字的行为是极其不负责任的，可能会给个人和公司带来严重的后果。

因此财务人员在签字前应认真审查相关文件和内容，确保交易或决策的合法性和合规性。做好刑事风险管理，避免面临牢狱之灾。

（1）重大合同和投资并购可以选择不签字

曾经有一位财务负责人和我分享过一条经验，他认为签字时只要不使用自己的中文签名，可以用拼音或者涂鸦来代替，这个签名就不具有法律效应。

然而，无论是拼音还是涂鸦，只要它被认为具有代表性和可识别性，就能被视为具有法律效应的签名。我在工作中就遇到过这类事件。

比如，我曾经有一位朋友因为两年前的某个项目被相关部门调查。尽管他坚决否认在那份文件上签字并同意上面的内容。然而，他的领导和同事都站出来作为见证人，一致指证那份文件上的签名确实是他的。这种情况下，他必须承担责任。

因此，如果财务负责人认为某项合同或决策存在重大风险或涉及法律底线，应该选择不签字，而不是随意签字。不签字虽然可能会给工作带来一些不便，但相比因此可能承担的法律责任，这才是最明智的选择。

（2）留好证据链和文档，学会自保

为了避免后期调查时出现一些不利于我们的情况，我们在拒绝签字时最好留好证据链或者文档，证明我们不同意这份合同、并购方案上的内容，未在文件上面签字。

我们可以邀请见证人，这些见证人可以是我们的同事、上级领导，也可以是外部顾问，只要他们能证明我们确实未在文件上签字即可。

除此之外，我们拒绝签字过程中的相关沟通记录可以作为证据，比如录音、电子邮件、聊天记录等。

### （3）该离开的时候就离开

假如财务人员已经明确地提示了风险概率，并提供了专业的意见和建议，但决策负责人仍然选择忽视这些风险，明知故犯，那么财务人员就需要认真考虑自己的职业风险。

在这种情况下，公司可能面临着巨大的法律风险、财务危机或声誉损害。而财务人员作为风险管理的关键角色，一旦公司出现问题，他们也可能被卷入其中。

"留得青山在，不怕没柴烧"，财务人员应考虑及时离开，以保护自己的职业声誉并避免不必要的风险。

# 4.4
## 如何进行有效沟通

在项目管理和日常工作中，有效沟通是成功的关键。良好的沟通可以消除误解、促进合作、增进团队凝聚力，保证项目的顺利推进。

## 4.4.1　打破阻碍沟通的无形壁垒

职场沟通有两大壁垒，即沟通时未能清晰表达或因各种顾虑而不敢发声。这是大部分职场人的通病。

在某些情况下，他们可能认为，不说比说更为明智，更能维护团队的和谐与稳定，或者更能保护自己的利益。而另一种情况——不敢说，则与个人的心理因素有关。这种反应可能源于对权威的恐惧、对失败的担忧、对自我能力的怀疑等。

### ❶ 不说、不说清楚＝无效沟通

"沉默是金"是一种处世的方式，意思是指不常说话的人更容易取得成功。而儒家文化则强调为人处世的谦逊和低调，以不争之争为处世原则，"沉默是金"正与此契合。

不少人受此影响，经常自以为是地认为："即使不说，别人也会理解我的想法。说得多了，反而显得我像一个俗人。"并试图通过微妙的暗示或非言语信号传达自己的观点。

事实上，这种做法在职场中是很不明智的，其忽略了沟通的双向性。有效的沟通不仅仅是发送信息，更重要的是确保信息被正确接收和理解。如果一个人总是自以为是地认为别人应该能理解自己，而不愿意主动沟通和表达，就可能导致双方产生误解或隔阂。

尤其是在分配工作任务时，若其中一方没有表达清楚，就可能导致另一方的理解出现偏差，工作偏离预先规划的方向。比如案例中的老张就遇到了类似的问题。

某公司计划推出一项全新的市场活动，老张作为市场部经理，肩负起了整体规划与团队协调的重任。在这次活动中，宣传海报的设计工作被老张分配给了擅长创意策划的小李。

但是，在分配任务时，老张只是笼统地提及了需要设计宣传海报，却未详细阐述海报的具体内容、风格等关键细节。而小李也很腼腆，不敢向老张进行细致的询问，只能依靠自己的理解和过往经验进行创作，然后将设计成果提交给老张。

老张看到设计后并不满意，因为他在安排任务时，心中已经有了一个特定的海报风格和内容方向，但他并没有在会议上详细说明。他以为小李能够根据自己的经验和市场部的常规做法来填补这些空白，但没想到小李的理解与他的设想相差甚远。

面对这种情况，老张不得不重新与小李沟通，详细说明了海报的具体要求。尽管小李对此感到有些沮丧，但他仍然表示愿意按照要求重新设计。然而，这次因沟通不畅导致的延误，还是给整个市场活动的推进带来了不小的影响。

这个案例说明了职场中主动沟通与表达的重要性。领导布置任务时应详尽说明要求，避免信息不明确导致的误解和延误。员工则需积极与领导沟通，确保双方对工作的理解一致。这样才能确保工作顺利进行，提升团队效率。

我们必须谨记一点，想要让对方了解我们的看法，那就必须勇敢地将其说出来，并通过持续的沟通和反馈来确保信息的准确传递。

### ❷ 勇敢表达自己的想法

在职场中，有些人出于种种顾虑，在面对某些话题或情境时选择保持沉默。他们可能害怕得罪上司，担心自己的意见与同事相悖，或者害怕自己的观点遭到嘲笑或忽视。

这种沉默看似是一种自我保护的策略，但实际上，它令我们失去了表达真实想法、展现自我能力的机会，甚至可能会导致我们错过职业发展的关键时刻。我就曾经在职场中见证过此类故事。

某公司最近启动了一个重要项目，小张因为能力出众也被分配到一个关键团队里。

随着项目进展的深入，一些问题开始逐渐浮现。小张发现，项目中的一个关键环节存在潜在风险，如果不及时处理，可能会导致整个项目的失败。但是团队内的同事和领导却好像并未发现这个问题，仍在如火如荼地推进项目。

小张的内心十分挣扎，上司和同事都没有发现这个问题，是不是自己多虑了。万一说了以后，得罪大家怎么办。这种担忧让小张迟迟不敢说出自己的看法，最终选择保持沉默。

在项目后期，这个潜在风险终于爆发，公司因此遭受了巨大的损失，客户也对此表示了强烈的不满。

面对这种情况，公司不得不采取严肃的处理措施。小张作为项目组的一员，因未能及时提出关键问题，导致项目失败，需要承担部分责任。他深感懊悔，意识到自己的沉默不仅害了公司，也毁了自己的职业前途。

因此，我们在职场中应该勇于表达自己的观点和意见。即使我们的观点与上司或同事的观点相悖，也不应该因此而选择沉默。而是应该努力克服内心的恐惧或犹豫，通过清晰、明确的语言，将自己的想法和意见传达给对方，让对方了解我们的立场和态度。

## 4.4.2 沟通前需要考虑清楚的三件事

为什么同事、领导总没耐心听我的想法？为什么我明明说得很清楚了，但同事还是没理解？为什么对方在沟通时总是不能及时给出反馈？

很多职场人在工作中都会遇到类似的困扰，明明投入了大量的时间和精力，却还是无法达到预期的目标。这都是因为没有进行有效沟通，没有弄清楚对方的需求，或双方之间出现了信息差。

正如戴尔·卡耐基[一] 说："如果你要使别人喜欢你，如果你想让他人对你产生兴趣，你注意的一定是谈论别人感兴趣的事情。"

所以当我们与人沟通时，需要想清楚三件事情：

谁是我的听众？

他们想听什么？

他们想怎样听？

我们在发言时，一定要先说对方感兴趣的内容，即所谓的重点。比如你在汇报工作时，战略型的老板一定对鸡毛蒜皮的小事或者技术细节不感兴趣，只关心何时可以验收成果、目前进行到哪个项目节点、是否有重大问题需要协商等。

除此之外，人在接收信息时，通常希望先了解主要观点，再了解次要的、为主要结论提供支撑的原因，比如你是怎么思考的，具体发生了什么。

总结一下就是：结论先行，自上而下表达，并且各分论点之间要有逻辑关系。这就是芭芭拉·明托[一] 的金字塔沟通原理，见图 4-1。

---

[一]　戴尔·卡耐基（Dale Carnegie，1888 年 11 月 24 日—1955 年 11 月 1 日），美国著名人际关系学大师，美国现代成人教育之父，西方现代人际关系教育的奠基人，被誉为 20 世纪最伟大的心灵导师和成功学大师。

[一]　芭芭拉·明托（Barbara Minto），美国俄亥俄州克利夫兰市人，是 1961 年第一批进入哈佛商学院的女学员之一。她于 1973 年成立自己的公司 Minto International, Inc.，推广明托金字塔原理（Minto Pyramid Principle）。

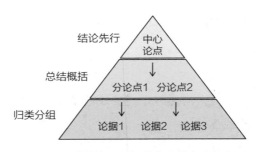

图 4-1　芭芭拉·明托的金字塔沟通原理

　　尤其是在进行工作汇报或者总结的时候，简洁富有逻辑的话语，能让听众更好地理解你阐述的内容，及时提出反馈。

　　如果汇报的内容较复杂，也可以考虑在 PPT 演示文稿中呈现金字塔结构，将每个分论点对应的论据用图表展示，最后再使用语言辅助演示。见图 4-2、图 4-3。

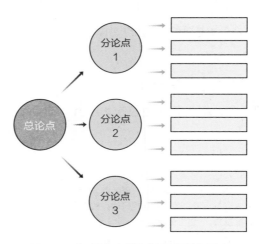

图 4-2　运用金字塔沟通原理制作图表

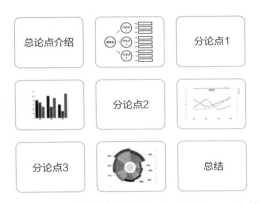

**图 4-3 运用金字塔沟通原理制作 PPT 演示文稿**

## 4.4.3 保持语言的逻辑性

想要进行有效沟通，语言就应具有强逻辑性。因为有逻辑性的语言能够帮助我们清晰地表达自己的观点，使对方更容易理解并接受我们的思路。

"逻辑"具体是指什么呢？我们可以将逻辑理解为"把语言合理地组织起来"。

如图 4-4 所示，方框中是词汇及概念，要想将这些方框合理地组织在一起，只有纵（竖列）和横（并排）两种方法。当各种词汇及概念按照顺序合理组织好后，我们就可以将其认定为"有逻辑"的状态。⊖

---

⊖ 高田贵久.精准表达：让你的方案在最短时间内打动人心[M].宋晓煜，译.南昌：江西人民出版社，2017：40-41.

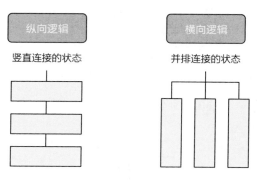

**图 4-4　纵向逻辑和横向逻辑**

　　横向逻辑是总分关系，上文提到的金字塔沟通原理就属于横向逻辑关系。即使中间的某一个分论点缺漏，逻辑关系也依然成立。

　　纵向逻辑则是指因果关系，一旦中间某一环缺失，就有可能导致逻辑关系发生错乱。

　　我们在向对方阐述自己的观点时，有时会收到"真的是这样吗"的质疑。这种情况下，就需要检查观点中的纵向逻辑是否不够紧密，并且可以通过重新组织纵向逻辑来引导对方按照我们的思路来思考。

　　如图 4-5 所示，以预算中价格低廉但质量较差的材料为何反而需要更多的预算为例，假如我们仅仅说明使用劣质材料需要更多的预算，这句话的逻辑关系可能较难理解。但是当我们补充了其中缺失的逻辑，劣质材料质量不佳，报损率就会高，或需要进行频繁更换，并且可能引发安全事故，整个逻辑便更合理、易懂。

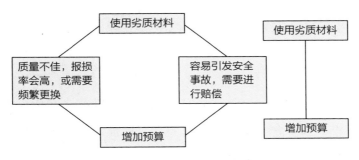

图 4-5　同一纵向逻辑不同理解程度

因此，当对方对我们的观点提出质疑时，我们应按照纵向逻辑梳理出一条完整的逻辑链，以便于向对方系统地阐述我们的观点。

除此之外，我们也不能忽视横向逻辑的重要性。在沟通前，应准备一些具体的证据和事实来支撑我们的观点。这些证据可以是数据、案例、专家意见等，它们能够使对方更容易接受我们的论证。

并且，我们在论述观点的过程中需要保持灵活的心态，随时做好调整我们的逻辑链或补充新的论点的准备。因为在与对方交流的过程中，可能会发现一些新的信息或观点，我们需要及时更新和补充我们的论证。

# 4.5
# 教你与四类"难搞"老板沟通

我们在职场这个大环境中，经常会遇见形形色色的人。偶尔碰见三观不合的人时，大家通常会选择一笑置之，并在工作、生活中都减少和此类人的接触。

但是，假设这个"难搞"的人是你的老板或者领导，我们就无法采用上述的办法来应对。因为老板不仅可以成为你职场中最大的资源，也可能成为你职场中最大的阻碍，这都取决于你如何与老板进行沟通。

那么，我们要如何与"难搞"的老板沟通，才能将其转化成我们的资源呢？

我们可以先将"难搞"的老板大致分成四类，分别是暴脾气型老板、"抠门"型老板、老好人型老板和官僚型老板。然后再根据他们的特点，逐一分析应对方法。

## 4.5.1　三种暴脾气型老板

暴脾气型老板，顾名思义就是脾气暴躁的老板，他们经常在工作中表现出激动的情绪。虽然这一类型人的表现形式基本一致，但是其背后潜藏的原因可能是不尽相同的。

比如，有些老板可能将发脾气作为自己管理员工的手段，有些老板是自身性格使然，还有些老板则是因为个人能力不足，只好通过暴脾气掩盖这一本质。

**1 第一种暴脾气型老板：深谙管理之道的老板**

职场案例

### 暴脾气的知名房产公司老板

某知名上市房产公司的老板就是暴脾气型老板。

他曾经要求自己的下属在电话铃响起后的三声内必须接电话。如果员工没有及时接电话，这位老板就会发脾气，并且还会对员工采取严苛的惩戒措施——扣款 2 万元。据说他的下属为了避免因错过重要电话被扣款，就连在洗澡的时候，都让家属拿着手机在旁边等候。

但是一旦员工取得突出的工作成果，他也会通过丰厚的奖励来激励员工。

正是得益于他的严格管理和重奖重罚，这个公司的执行力非常强。

比如，集团上午决定成立一家分公司，那么下午就能完成注册和选址等一系列工作，直接到目的地召开新公司的管理层会议；或者集团临时决定要开启某个新的房地产项目，可能两个小时之内就能将一支工种齐全的队伍搭建好。

案例分析

例子中的这位老板，虽然脾气暴躁且对待员工非常严苛，但是他的指令在公司传达得非常快，公司员工的执行力也很强。说明这位老板是将发脾气作为一种管理手段，用其来表明自己的底线，警醒公司的员工。他虽然是暴脾气，但是不会因为自己的情绪而让管理失控。

这种类型的老板在职场中并不在少数，我们在与其沟通时，需要注意以下两点：

（1）不要触碰老板的底线

仔细思考老板每次都是因为什么发脾气，因为这就等同于老板不可触碰的底线。将其牢记在心，避免在工作中犯同类错误。

（2）配合老板的"表演"

在老板大发雷霆时，应给予合适的反馈。因为老板发脾气其实和曹操的"吾好梦中杀人"是殊途同归的，都是通过一些比较激烈的手段警醒下属，不要触碰自己的底线。

我们在了解事情的本质之后，就不需要时刻保持战战兢兢的状态，可以一种平和的心态来和老板进行沟通。在不触碰老板底线的前提下，他会愿意和你进行友好的沟通。

## ② 第二种暴脾气型老板：能力优秀、性格急躁

有些老板的暴脾气是源于自身性格特征，他们比较急躁、没有耐心。这种性格特征导致他们在和员工沟通时很容易产生嫌隙。

我在工作中也经常碰见这样的老板，他们通常具备优秀的能力，能够直接看透事情的底层逻辑。但是他们的性格比较急躁，懒得向下属解释自己的想法，希望下属能够自己领会。假如双方思想一直不同频，老板很快就会对此产生不满的情绪，进而诱发暴脾气。

面对这种类型的老板，我们需要先思考一个问题：他确实是一个有能力的老板，但是他是否是一个愿意帮助员工成长的老板呢？

假如他是一个愿意分享自己经验、帮助员工提升能力的老板，那么你可以考虑继续在这个公司任职。

因为选择老板的标准不应仅仅基于脾气，应更多考虑其是否能为你提供所需的资源，而能力恰好是这些资源中极为重要的一环。

《亮剑》中的李云龙虽然性格急躁、经常发脾气，但是军营里的将士们从来不会因为李云龙的暴脾气而埋怨他，而是一直对他充满爱戴。不少能力出众的民间勇士也愿意加入他的队伍。

这是因为暴脾气只是李云龙的外在性格，无损他的英雄本色，他本质上是一位拥有出色的作战能力，并且爱兵如子的军人，他麾下的每一位士兵都能在他的带领下获得成长。

我们想要长期和这一类型的老板保持有效沟通，就需要保持良好的心态，学会无视坏脾气带来的低气压；在工作中主动询问老板的真实想法，学习老板的思维模式，努力在思想上与其同频。

### ❸ 第三种暴脾气型老板：纸老虎

第三种暴脾气型老板当属最难相处的老板，他们表面强硬，实则内心空虚，宛如一只外强中干的纸老虎。他们频繁发脾气的行为都是为了"围魏救赵"，通过发泄情绪来转移注意力，避免面对自身的局限。

#### （1）如何与第三种暴脾气型老板进行沟通

首先，应在沟通中保持冷静和理智，不要被对方的情绪影响。

其次，在平时的工作中尽量使用温和、尊重的语气来表达自己的观点和意见。

最后，假如我们的想法和老板相悖，可以先赞美、肯定老板想法中的合理之处，然后再委婉地提出自己的见解。

我们想要与这样的老板相处，就需要极高的抗压性和极强的观察力，才能在老板暴脾气掀起的疾风暴雨中临危不惧，找到其背后的动机，并给这只"大猫"顺毛。

（2）结合个人发展考虑是否应继续沟通

实际上，长期处于情绪高压下，对员工的身心健康非常不利。有心理学家研究发现，生气 1 小时造成的体力和精神消耗，相当于熬夜或者加班 6 小时。人的负面情绪得不到释放，会导致血压升高、胃肠紊乱、免疫力下降等症状，甚至会诱发疾病。

我们需要进行深思，这样的领导是否值得继续追随？

在这样的情境下，员工不仅需要应对日常的工作压力，还需时刻警惕领导的情绪变化，承担沉重的心理负担。同时，因为老板的个人能力有限，员工在这种环境中可能无法获得应有的成长与提升。

大家可以结合个人实际情况，考虑一下是否需要寻找更适合自己的工作环境。毕竟每个人的职业发展都是宝贵的，选择一个能够真正帮助自己成长的环境和老板是至关重要的。

根据对三种暴脾气型老板的分析，我们可以得出一个结论：在与这一类老板进行沟通时，应先找到其发脾气的动机，然后再对症下药。

在沟通的过程中，也要对老板进行观察。一个优秀的老板应当能够为员工提供必要的资源与支持，帮助他们在工作中不断成长与提升。如果老板的个人能力和情绪管理能力欠佳，常常让员工感到压抑和不安，同时又不能给员工提供培训和技能提升的空间，那么员工就很难从中获得真正的成长与进步。

## 4.5.2 "抠门"型老板

不知道大家在职场中是否曾经遇到过以下两种情况：

因为接到某项紧急任务，团队不得不进行高强度工作，并连续奋战数日。由于人员不够充足，团队迟迟无法完成任务，只好向老板申请增加人手。但是老板考虑到用人成本，直接驳回了这个申请。

或者是研发产品时，你希望能增加研发成本，提高产品的质量和使用效果。老板却坚持自己的经营管理理念，期望你能够在既定的成本范围内研发出最出色的产品。

这种类型的老板就是"抠门"型老板，他不仅对员工抠门，在公司整体运营中都践行"抠"字诀。

### 1. "抠门"型老板真的抠门吗

从财务视角来进行分析，这一类老板其实属于好老板的范畴。

因为他会从经营的角度考虑成本控制，也就是通过严格把控成本，将企业运营成本保持在一个较低的区间内，进而提升利润空间，为企业的可持续发展奠定坚实基础。所以这一类老板并非吝啬于投入资金，而是更倾向于将每一分钱都花在刀刃上。

市场上大部分产品毛利率<sup>⊖</sup>较低的公司都会对成本进行严格的控制。因为毛利率作为衡量企业盈利能力的关键指标，反映了企业在销售过程中所获得的利润与销售收入之间的比例。当毛利率较低时，意味着企业的盈利空间相对较小，现金流也相对紧张，必须精准控制成本，才能保证企业在有限的利润空间内实现利益最大化。因此，很多老板的抠门源于家里没有米下锅。

**2. 如何与"抠门"型老板进行沟通**

在与这样的老板沟通时，我们需准确把握其注重成本控制与效益最大化的特点。

**（1）想老板之所想**

在申请资源时，我们可以尝试采用更具说服力的理由，让老板难以拒绝。

① 通过详细的数据分析和市场调研，证明我们需要增加

---

⊖ 毛利率（Gross Profit Margin）是毛利与销售收入（或营业收入）的百分比，其中毛利是收入和与收入相对应的营业成本之间的差额，用公式表示：毛利率＝毛利/营业收入 ×100%=（主营业务收入－主营业务成本）/主营业务收入 ×100%。

的研发费用已经是一再精简过的。并向老板说明，提高研发成本将带来效益提升，争取老板的支持。

② 在面对人力资源不足的情况时，应紧密结合当前市场趋势和竞争对手的动向，向老板分析该项目的紧迫性。同时告知老板此人可以一人多岗，一人多职。即使项目结束后依然可以胜任其他工作岗位。

③ 假如我们想说服老板投资某个风险较高的项目，就需要做"The Best Case"（最好结果）和"The Worst Case"（最坏结果）分析，让老板知晓如果最坏的情形出现，他是否可以承担。

（2）急老板之所急

通过前文的分析，我们知道这类老板之所以对成本进行严格的控制，是为了提高企业的盈利能力，保障企业的长远发展。

所以我们在工作中，甚至可以比老板更"抠门"，把成本控制理念主动运用在日常工作中。通过精细的预算和策划，用最小的成本创造最大的收益。

而在向老板汇报工作时，我们也可以将成本控制作为重要的切入点，展示我们与其在成本控制理念上的高度契合。这样不仅能够让老板感受到我们的专业与用心，也更容易获得其认可与赞赏，从而推动沟通、工作的顺利进行。

### 4.5.3　老好人型老板

#### 因为"配平"引发的矛盾

某公司老板为了鼓舞员工的士气，设立了一项团队比拼制度。

公司的员工纷纷积极响应这项制度，并且通过激烈的角逐后，决出了第一名。然而，令人意外的是，老板虽然按照规定给获得第一名的团队颁发了奖励，但是在本次比拼中落败的其他队伍也获得了奖励。

这一举动引发了荣获第一名的团队极大的不满与困惑。他们觉得这个第一名的荣誉和成就感被大大削弱了，仿佛变得毫无分量。

而其他团队成员们也不领情，他们认为自己可以坦然接受在比拼中失败的结果，因为每一次竞争都是一次成长。但他们无法接受自己的努力和付出最终换来的却是这样一个模糊而不明确的奖励结果。

双方都不满意这种"配平"的奖励方式，他们更希望老板能够尊重员工的每一分努力，让奖励真正体现竞争的价值。

案例分析

上述例子中出现的老板正是典型的老好人型老板。他们努力追求一种另类的公平，希望自己对待每一位员工都可以做到"一碗水端平"。现实却往往适得其反，这种做法虽然看似公平，但忽略了团队的实际运作需要规范的制度，导致整体管理效果不佳。

### ① 了解老板表现出老好人性格的原因

老好人型老板通常性格和善、不愿得罪他人，倾向于以人情而非规章制度来管理员工。甚至在面对犯错误的员工时，他们也是选择宽容对待，不会轻易进行批评。我个人的职场经历中，就曾经遇到过这样的老板。

我任职的公司承办了一场大型活动，老板再三和大家强调活动的重要性，并要求大家在活动期间一定要准时到岗，否则将会面临惩戒。然而，在活动当天还是有几位老员工迟到了。他们向老板倾诉自己的苦衷，提到近期工作辛苦。

老板考虑到自身能力在某些方面有所欠缺，他仍需依赖这几位老员工来完成关键工作，并且近期工作确实比较忙碌，迟到也是情有可原。所以他最终仅对老员工进行了口头批评，并未进行惩罚。

这一举动使得其他员工很不满，他们认为老板在处理此事时缺乏原则性，对公司制度的执行显得随意而不严肃。

这一类老板之所以在大事上显得有点"拎不清"，可能是因为自身的能力不足，所以在进行团队管理时容易不自信，有"讨好感"，久而久之就变成了一个"老好人"。

### ② 认清事实："人情"是一把双刃剑

相较前面提到的暴脾气型老板、"抠门"型老板而言，老好人型老板显得非常好沟通。他们不仅善于倾听，还经常会主动体察员工在工作中的难处，给予及时的关心和支持。

然而，老好人型老板习惯将人情凌驾在管理逻辑之上。所以他们在分配工作时，往往更注重员工的感受和需求，容易忽略职责界限。他们可能会将一些超出职责范围内的工作分配给你，导致你的工作负荷加重。

并且，老好人型老板一般情况下不愿得罪别人，因此在处理部门间的矛盾和冲突时可能无法做到公平公正，这可能导致一些员工在工作中受到其他部门的欺负或排挤，难以维护自己的权益。

### ③ 如何与老好人型老板相处、沟通

面对老好人型老板，首先需要调整好自己的心态，诚心诚意地理解他们的想法。尽管这一类老板的管理方式有时可能缺乏原则性，但他们也有其独特的优点。比如，他们通常不会给员工施加过大的工作压力，能够为员工提供相对宽松、自由的工作环境。

其次，我们应针对老好人型老板的特点调整我们的工作方式。既然他们喜欢用人情来处理事情，我们可以主动出击，积

极在公司各个部门间走动交流，借此机会建立良好的人际关系网络，进而向老板争取更多的资源支持。

在和老板沟通的过程中，还需遵循一个重要的策略——会哭的孩子有奶吃。我们应积极向老板表达自己的意见和需求，争取自己的权益。只有当我们主动争取时，老板才会更加关注我们的需求，并给予更多的支持和资源。

总之，与老好人型老板共事时我们应主动适应其管理风格，勇敢向老板表达自己的需求，并展示个人的能力和价值，争取获得老板的资源支持。

### 4.5.4 官僚型老板

官僚主义在全世界都是一种普遍现象，渗透于社会的诸多层面。无论是政府部门、大型企业还是其他组织，都有可能受到官僚主义的影响。

官僚型老板就是指受此影响颇深的一类人，他们在工作中喜欢推过揽功，将成功的果实归于自己，而将失败的责任推给他人。他们还喜欢打官腔，常常说一些空洞而无实际意义的话，更重视形式而非实质，喜欢追求表面的光鲜。

**1** 慎重考虑：你与老板是否合拍

假如我们的个人风格、价值观或工作方式与某位领导或老板存在明显的不一致，这种情况将会严重影响我们工作的效率和心情。所以当我们在职场中遇到官僚型老板，首先要考虑的不是如何与其沟通，而是应当考虑自己是否可以接受这一类型的领导。

当我们觉得自己的三观和领导、老板完全不一致，并且自己无法与这类老板共处时，可以考虑调整工作环境，寻找更适合自己的团队。假如公司内部有其他更合适的岗位，可以进行内部转岗，没有的话就考虑换一个平台发展。

如果你认为这位老板虽然三观与自己不一致，但是他身上仍有值得学习的地方，并且目前的平台能够给你提供成长的空间，那么你应当尝试调整自己的心态以适应这种环境。

### ❷ 如何与官僚型老板相处、沟通

"投其所好"是职场中最简单、高效的沟通方式，我们想要和官僚型老板友好地沟通，就要尊重对方的规则。

我们需要细心观察并理解老板的决策风格、沟通方式以及对待工作的态度等。然后，根据老板的个人风格与其进行沟通，尽量减少沟通中产生的误解和冲突，更好地与老板合作，提高工作效率。

除此之外，我们必须清晰地认识到：团队的荣誉是属于整个集体的，而集体则归老板所有。一个成功的团队，离不开老板的正确领导和资源。因此，当我们取得成绩时，应该看作整个团队的胜利。这不仅有助于职场关系的和谐发展，还能为我们个人的职业发展创造更多机会。

古语有云"高处不胜寒"，这句话深刻描绘了大部分老板所处的境地。他们作为企业的所有者，一直面临着巨大的压力和挑战，迫于企业发展的综合需求，很多时候无法随心所欲地行事。

因此，我们想要获得职业发展，还需要理解老板的"不容易"。在与其共事时，我们应该尊重他们的决策和付出，为老板提供情绪价值，更加主动地沟通和进行协作，帮助他们分担一些工作压力，共同推动企业的发展。同时，我们还可以从官僚型老板身上学习他们的人生经验和智慧，不断提升自己的能力和素质，取百家之长，补自己之短。

# 4.6
## 说"不"同样能加分

对于很多职场人来说，说"不"并不容易。虽然其只是唇齿间一个简单的音节，但是却可能会带来人际关系的破裂，或者是某些不可预知的冲突和争吵。所以大家为了在职场中维持和谐的氛围、避免不必要的麻烦，通常不会轻易说"不"。

## 4.6.1　让"不"成为职场中保卫自身的盔甲

大家很难在职场中说"不"，这背后有多重原因。

其中，维持良好人际关系的需要是一个非常重要的因素。在职场中，人际关系对于个人的发展和团队的协作都至关重要。因此许多人可能会觉得，如果频繁拒绝他人的请求，会破坏与同事之间的关系，影响自己在团队中的地位。

另外，情感因素也在很大程度上影响了我们在职场中说"不"的能力。比如在同理心的影响下，我们在面对同事的请求时可能会更容易产生共鸣，觉得应该尽力帮助对方。然而，过度的同理心也可能导致我们忽视了自己的工作负担和能力限制，从而过度承诺，并承担过多的责任。

所以在某些关键时刻，我们必须说"不"，才能保证自己的利益不被侵犯。因为每个人的时间和精力都是有限的，如果我们无限制地接受各种请求和任务，最终可能会导致自己过度劳累，甚至会影响工作质量和个人健康。

**职场案例**

### 不懂说"不"的小赵

小赵是办公室里人缘最好的员工，因为他非常乐于助人，几乎从未拒绝过同事们的任何要求。无论是帮忙打印文件、准备会议资料，还是临时接手别人的工作任务，他都绝无二话。

某天，小赵急需在规定时间内完成一个重要的项目报告。但是一个同事忽然找到他，希望小赵能帮忙处理一项紧急的客户投诉。尽管小赵手头的任务已经迫在眉睫，但他还是碍于情面答应了同事的请求。

结果，小赵因为分心处理投诉而错过了报告提交的截止时间。当他向老板解释原因时，老板却对他的解释表示不满，并提醒他要注意自己的工作重心。而那个找小赵帮忙的同事，在得知他因此受到批评后，也只是轻描淡写地表示同情，并没有给予实质性的帮助。

小赵这才明白：在职场中，学会适当地拒绝他人的要求，保护好自己的工作时间和利益同样重要。

**案例分析**

在上述例子中，小赵因为不会拒绝别人，导致自己的工作受到影响。我们在工作中应当合理设置边界，及时拒绝别人的一些不合理要求。

拒绝并不意味着要与他人关系破裂或产生冲突。事实上，当我们以真诚、尊重和明确的态度表达拒绝时，对方往往能够理解并接受我们的决定。同时，我们需要注重方式和技巧，避免给对方带来不必要的伤害。比如可以解释自己拒绝的原因，提供替代方案或建议，以减轻对方的失望和不满。

## 4.6.2 如何妥善处理工作中的求助

每个人在工作时，都难免会遇到其他部门的求助。可能是寻求技术支持、协调资源，也可能是协助解决某个具体问题。面对这些求助，大家首先需要保障自身工作进度。

然后，可以结合以下两点考虑是否为求助者提供协助。

### ① 维持办公室关系：考虑长远发展

以我个人的经验为例，我在接到其他部门的求助时，前几次通常不会拒绝，而是会选择帮忙。因为这样不仅有助于维护职场人际关系，还能帮助我们向上破圈。

大家可以将这种相互的麻烦看作是一种职场中的互动与交流，正是通过这种你来我往的方式，我们才能够打破原有的界限，与对方建立起更为紧密的关系。

但是在帮忙的过程中，不能"水过无痕"，要在对方的心里留下痕迹。我们可以适时将自己为其付出的努力告诉对方：

"尽管我自己的工作也很繁忙，但我还是尽力抽出了时间来帮你完成这项工作。因为我知道每个人都会有需要帮助，或者是有急事的时候。如果将来我遇到困难，也希望你能伸出援手。毕竟我们都需要相互扶持，才能共同前行。"

这个表述不仅能够让对方深切感受到我们的支持和关心，还向其表明了守望相助的期望，有助于我们建立更加和谐与高效的职场关系。

## ❷ 判断：是否能够提供价值

**职场案例**

### 不属于既定工作范围内的工作，要不要接

我在某家上市公司任职时，人力资源部负责人曾邀请我一起做期权激励计划。通常情况下，期权激励计划是由人力资源部来负责的，不需要财务部的参与。

但是我并没有拒绝，而是欣然接受了这个提议，因为搭建期权激励体系是一个很好的学习机会。这个过程中，我不仅可以学习搭建期权激励体系的所有知识，还能学习人力资源方面的知识。

假如我未来加入另一家公司并负责期权激励计划，那么现在所积累的经验将成为宝贵的财富。

**案例分析**

虽然这项工作不在我的工作范围内，但我还是积极参与。因为这是一项有价值的工作，它能够帮助我横向扩展能力，提升个人的软实力。

因此，当我们接到其他部门的求助时，需进行判断：这项工作是否有助于提升我的个人能力，是否具备实际价值？若答案是肯定的，那我们应毫不犹豫地伸出援手，把握这次学习与成长的机会。

而对于那些既不能提供价值，也无法提升能力的任务，我们可以采取以下方式应对：

初次接到此类任务，或许可以出于同事间的情谊而伸出援手；对方如果频繁地将此类任务推给我们，则是对我们不尊重。我们可以果断表达自己的立场，适时拒绝。

### ③ 学会巧妙拒绝

学会在职场中合理地说"不"，是我们在追求个人成长与成功的过程中必须掌握的一项技能。在处理同级别同事的求助时，我们应尤为注意拒绝的方式和技巧，以确保在表达个人立场的同时，不给他们带来不必要的伤害，并尽可能避免引发冲突。

#### （1）推给上级

最快速且有效的方法并非直接回绝，而是坦诚地说明自己的难处，由上级出面处理。

我们可以明确表达，自己非常愿意在能力范围内提供帮助，但是目前需要优先完成上级交代的紧急任务，无暇分身。建议对方可以找上级协商一下工作安排，是否可以将这项工作插入今天的工作安排中，或者是安排其他同事来进行协助。

这样的回应既体现了我们的诚意和合作态度，又避免了直接拒绝可能带来的尴尬和冲突，有助于维护良好的同事关系。并且优先完成上级交代的紧急任务也能博得上级的好感，展现我们工作上的专业性及团队精神。

（2）学会自嘲、示弱

还有一种方法能不伤和气地拒绝对方，那就是"爱莫能助"，即通过自嘲、示弱凸显自身的不足，让对方明白自己无法提供帮助。

比如可以和对方说："我真的很想帮你，但你也知道我不熟悉这方面的业务，回头再给你帮了倒忙。或许你可以找某人帮忙（可以直接推荐某个专业水平比你高的同事），这样也能保证你工作的完成结果。"

自嘲和示弱是一种高情商的沟通技巧，不仅能够表达自己的无奈和无法提供帮助的事实，还能帮助我们避免直接拒绝的尴尬。

## 4.6.3　如何应对上级、老板交代的艰巨任务

很多职场人会有一个思维误区：认为拒绝上级或老板的需求就等同于不配合工作，该行为有可能会触发一系列负面的连锁反应。其实不尽然，被拒绝者会做出什么样的反应取决于我们拒绝时采取的方式。

**1** 拒绝的三个层次

拒绝分为初级拒绝策略、中级拒绝策略和高级拒绝策略三个层次。

（1）初级拒绝策略

低级拒绝策略指的是黑着脸拒绝对方，这种拒绝方式在某种程度上确实会影响我们在职场中的人际关系和职业发展。

（2）中级拒绝策略

中级拒绝策略是指不直接拒绝，通过其他更委婉的方式让对方主动撤销求助的打算，比如上文中提到的通过将决策权转移给上级或者自嘲、示弱即属于中级拒绝。

**2.** 高级应对策略：如何应付重大而艰巨的任务

当我们接到上级或老板交代的重大而艰巨任务时，尽量不要直接回绝。因为每一项工作任务都蕴含着潜在的晋升机会，它们可能成为我们职业生涯中的关键转折点。

正确的处理方式是通过"高级应对策略"来妥善处理这项工作任务，并在这个过程中努力展现自己的能力和价值，赢得上级和老板的信任和青睐，为未来的晋升打下坚实基础。

（1）要资源：人、财、物

"高级应对策略"需要进行周到的考虑。我们在职场中碰到这一类型的任务时，不要急着接受或者拒绝，可以先向上级申请 1~2 天的准备时间。

在此期间，我们需要精心制订详细的工作计划，并进行预算分析。一旦完成了这些周密的准备工作，我们就可以向上级领导提出明确的资源需求，包括完成项目所需的人力、资金及物资支持。

我在财务工作中碰到一些复杂的任务时，也会选择向老板申请资源协助。

财务部有时会考虑引入外部专业机构或者其他部门的资源来协助完成工作。比如要求会计师事务所或者咨询公司介入，或要求公司法务部门进行协助。

我们首先需要明确任务的具体内容和范围，以便评估引入专业机构需要的整体费用；然后，需要与其他部门进行沟通，了解他们参与任务所需的时间和人力成本，并将其纳入整体预算中。完成了以上工作后，就可以向老板申请人力及资金支持。

### （2）管理预期：向老板明示这项工作的风险和困难

完成所有的准备工作后，还需要向老板说明：假如由你完成这项工作，在推进的过程中可能会遭遇的风险和困难。比如，推进过程中可能出现的变数、技术难题或内部资源的协调问题等。

这一举动相当于给老板打了预防针。假设推进的途中真的出现了一些阻力，老板已经做好了预期准备，通常不会苛责你，而是会尽力给你提供精神上、物质上的支持。

这个环节非常重要，假如你忽略了这一环节，直接接手任务，那么一旦项目推进的过程中出现问题，老板可能会将其归咎于你个人能力不足，没有做好准备。老板对你的信任度可能会打折扣，进而影响你的绩效考评。

（3）提出更优解：推荐别的人选或别的方案

预见项目推进过程中可能会出现的问题后，我们除了提前管理老板的预期，使其对项目风险有清晰的认识和充分的心理准备，还可以选择另外一个方案——提出新人选或新方案。这样做是为了更有效地解决问题，确保项目的顺利进行。

① 应选择什么样的新人选

应谨慎选择新人选，因为我们提出新人选并不只是为了拒绝这项工作，而是为了帮助上级和老板更高效地解决问题。

我们可以根据项目的具体需求和特点，寻找具备相关专业背景和丰富经验的候选人。他们能够更好地应对项目中的挑战和风险。

② 如何优化原方案

在提出新方案时，我们需要充分分析其可行性和潜在影响，确保能够为项目带来实际的好处。新方案可能涉及调整项目计划、优化工作流程、引入新技术或工具等方面，主要目的是降低风险、提高效率或改善项目成果。

通过提出新人选或新方案，我们不仅能够解决项目中可能出现的问题，还能够展现出自己的创新思维和解决问题的能力，为上级和老板留下积极的印象。

　　通过要资源、管理预期和提出更优解，我们便完成了"高级应对策略"的所有流程。不管后续上级和老板如何安排工作，对你而言都是有百利而无一害的。完整的项目框架已经搭建好了，假如这项工作仍旧由你完成，也无须担忧后续的工作；如果是安排给其他人完成，那么你就成功推掉了这项工作，并且在这个过程中通过周密的安排向上级和老板展示了自己的计划能力和组织能力。

E

第 5 章
合格的管理者
成事，优秀的
管理者带人

# 5.1
## 活用 PDCA 循环

很多从基层提拔上来的管理者，在成为管理者后往往很难适应角色的转变，仍保持原有的工作方式。他们忽略了"管理"的核心是"管人理事"，在工作中仍习惯亲力亲为，自己处理各种事务，不懂得如何将工作分配给团队成员。

其实，管理者的工作重心应该是管理人员、协调团队、制定策略，通过有效的组织和协调，使团队成员能够充分发挥各自的能力，共同完成任务。

通过 PDCA⊖循环，管理者可以更加系统地进行工作规划、任务分配、进度监控和结果处理，从而实现更高效的管理。PDCA 循环其实就是计划（Plan）、执行（Do）、检查（Check）和行动（Action）。以下是我基于管理实践对 PDCA 循环应用的总结。

### 5.1.1 事前有计划

管理者在处理公司交代的重要任务时，一定要先和团队

---

⊖ PDCA 最早由美国著名质量管理专家戴明（William Edwards Deming）提出，所以又被称为"戴明环"。

制订周密的计划，见图 5-1。明确任务的核心目标、规划出实现目标的清晰路径、指定合适的责任人，并设定明确的时间节点，以确保任务能够高效、有序地完成。

**图 5-1　如何做到事前有计划**

大家可以参考下文中小全的做法，从中汲取经验，学习如何制订一套周密的计划。

小全所在的公司由于受到竞争公司的冲击，近半年的业绩都十分惨淡。为应对这一挑战并恢复竞争力，公司领导层决定进行办公成本优化，并任命行政部经理小全负责此事。

小全立即组织团队，详细分析了公司的各项开支，并召开部门会议确定了以下优化方案。

首先，设定明确目标：在未来一年内，将办公成本降低15%。

其次，制定具体路径：从办公设备采购、能源消耗和日常办公费用三个方面入手。

对于办公设备更新换代，评估是否将老旧设备换新，换新是购买新的办公设备还是购买八成新的二手设备，哪个性价比更高。

在能源消耗方面，优化照明、空调等设备使用时间，降低能耗。

在日常办公费用方面，推行电子文档，减少打印，减少纸张和耗材使用。通讯费和交通费是否可以重新确定报销限额。办公区域是否可以优化，从而减少办公租赁面积。

接着，明确负责人：小张负责办公设备采购优化，与供应商谈判获取更优惠的价格；小李负责能源消耗管理，定期检查设备状态；小王负责监督日常办公费用，每月审查并汇报。

最后，设定时间节点：小张需在两个月内完成办公设备评估与采购计划；小李需在一个季度内完成能源消耗优化；小王则每月汇报日常办公费用审查情况。

这个计划实施后，公司的办公成本得到了显著的降低。不仅实现了年度降低15%的目标，还提升了员工的工作效率和满意度。小全和他的团队也因此得到了公司的表彰和奖励。

这个案例故事展示了小全作为职场管理者，在办公成本优化方面如何通过定目标、定路径、定责任和定时间四个方面来安排计划，并成功实现目标的过程。它告诉我们，只有计划制订得足够详细，实施的步骤才有据可查，最后的成功概率才会更高。

## 5.1.2　落地有预算：将一个目标分解落地

有不少人认为预算都是由财务部门拟定的，其实这是一个误区。预算通常是由业务部门制定，财务部门在这个环节更多扮演"游戏规则制定者"或者"数据汇总者"的角色。

在企业管理中，预算不光是给企业管理者和员工定目标，更是一种业务的沟通与交流。在反复的预算磨合中，各个子、分公司及各个部门，甚至每个员工都会明确自己的工作任务和工作计划，从而能顺畅地将总部的业务战略下达。<sup>⊖</sup>

而在项目管理中，预算也是至关重要的一环。它不仅关乎项目的成本控制和资源分配，更是将项目目标具体化和可操作化的关键步骤。

如果公司没有为项目制定详细的预算，那么管理者就应该根据项目的实际需求和公司的财务状况来制定一个合理的预算框架，以确保项目的顺利进行。

这个预算框架中应该包含项目过程中可能需要的资金、物资、人力资源，以及为应对项目过程中可能出现的风险和不确定性预备的风险准备金。

在制订工作计划和预算框架后，可以先从集团的某一家子公司试运行。如果执行的过程中出现一些情况，则应对预算框架做进一步的完善。如果你所在的公司是一家小公司，那么就先从一个部门开始做试点执行。

之所以这么做，是因为计划赶不上变化，很多时候我们的计划和预算在实际落地执行时，是有差异的。

---

⊖齐昊．齐昊趣谈财务管理 [M]．北京：机械工业出版社，2022：135-136．

管理者在试点的过程中，需重新评估资源配备的合理性，并考虑是否需要向公司申请更多的资源，为项目正式落地做好充足的准备。

### 5.1.3  流程有标准：约束管理，指明方向

可能有些读者还记得，我在前文曾经分享过自己在草原上创业的故事。那时，我和几位志同道合的企业家共同经营一家度假村。

度假村是为游客提供休闲娱乐的场所，因此我每天都会见到许多形形色色的人。其中，有两个二十岁出头的女孩引起了我的注意。

因为她们是某品牌的供应商带过来的，供应商不仅负责这两个女孩子的吃喝住行、娱乐活动以及额外消费，在行程结束时，还特意为她们准备了红包和礼物。

这让我感到很疑惑，这两个小姑娘到底是什么来历，能让供应商如此对待。答案非常出乎我的意料，我通过与供应商的交谈得知，这两个女孩是供应商合作公司的前台，负责采购公司的打印机和传真机所需的硒鼓和墨盒。

这些耗材在当时有着很高的毛利。公司把这两种物料的采购权给了这两个前台。在供应商眼中，她们自然成了值得大力拉拢的重要客户。

这一经历让我深刻体会到，即使是微小的权力，如果缺乏规范的流程和管理，也可能导致权力的滥用。因此在项目管理中，我们必须建立清晰、标准的流程，确保每位员工都明确自己的职责和权力范围，避免此类问题的发生。

那么，管理者应如何制定可以对员工行为进行约束，又能为其指明工作的方向的工作流程呢？

① 在事前有工作计划，管理者已经明确了每个员工的工作职责和目标。应在此基础上，补充工作的优先级，帮助员工有针对性地展开工作。

② 流程的主要作用是确保项目能有条不紊地推进，因此管理者应该根据任务具体情况制定操作流程。这些流程必须涵盖重要的工作任务，让员工知道如何按照规定的步骤和流程执行任务，以确保工作的质量和效率。

③ 在流程建立后，需要对员工进行培训和指导，确保他们了解和遵守新的流程。

④ 需要有人监督流程的有效执行，同时做到奖惩有度。

总而言之，管理者需根据任务制定规范的流程及制度，保证每个任务、每个步骤都有据可循，避免员工在烦琐细节中迷失方向。同时，通过规范的流程管理，也能有效防范因管理缺失而引发的权力滥用行为，保障项目的顺利进行。

## 5.1.4　执行有监督：定期检查，及时矫正

### 出纳贪污案

　　我在普华永道工作的时候曾经给一家大企业做审计。在做审计的过程中意外发现，这家企业的出纳居然贪污了800万元。这家企业的工作流程十分严密，按理来说不可能出现这样的问题。那么，这名出纳到底是如何做到的呢？

　　原来问题出在银行对账单和银行余额调节表上（银行对账单与银行余额调节表之间的关系可以参考内容延伸）。

　　这家企业的出纳每个月月末要去银行拿银行对账单，然后返回公司，根据银行对账单和公司银行账制作一份银行余额调节表，交由财务经理进行审批。因为财务经理事务繁多，他在签字时通常只会核对整体数字，不会深入检查具体数据。

　　这名出纳发现审批流程的漏洞后，就在外面做了一份假的银行对账单，这份对账单看起来和真的一模一样。接着他把自己偷转出去的钱都从对账单上抹掉，同时篡改了企业的银行日记账。

　　随后，他巧妙地调整了银行余额调节表，确保数据表面上看起来毫无破绽，并将这份表格交给财务经理审批。财务经理看完觉得对得上，就签字过关。

　　于是，这名出纳就这样瞒天过海，贪污了800万元。最后是我们做审计时给银行发询证函，由银行确认企业的银行余额时才发现了这名出纳的贪污情况。

案例分析

　　这个实例非常具有启发性，从不同的角度来看，会有不同的收获。

　　对审计人员来说，绝对不能仅使用客户提供的银行对账单作为审计依据，而是应该直接向银行进行函证，获取经银行确认的对账单，以确保所使用信息的真实性和准确性。

　　而从管理者的角度来看，这个案例强调了做好定期检查工作的重要性。管理者应该制定并执行严格的定期检查制度，确保各项财务数据和业务流程的准确性和合规性。对于大的集团公司来说，重要岗位的轮岗轮换也是一种非常有效的监督手段。同时，在流程中注意不相容的岗位职责。就拿这个案例来说，如果出纳拿银行对账单的话，应该由会计编制银行余额调节表。

　　很多管理者在制定项目规划时，容易忽略"执行有监督"。这个环节其实非常重要，它能帮助管理者发现问题，预防问题扩大化并及时做出策略调整。

　　"执行有监督"落到具体的项目管理中，就是进行定期检查，并在发现问题的第一时间采取矫正措施，确保监督过程中出现的任何偏差都能得到及时、有效的纠正。

　（1）如何进行定期检查

　　根据项目实际情况，制订详细的检查计划。比如，在"事前计划"中设定的项目时间节点，对项目整体进度进行检查；或者根据项目的具体情况制订详细的检查计划，明确检查的时间、内容、方式等。

可以借助一些项目管理软件或者数据分析工具，对项目的进度、数据进行检查。一旦检查过程中发现问题或隐患，管理者应该做好记录。

（2）做好及时矫正

针对发现的问题，管理者应与团队成员共同分析原因，并商讨出解决问题的办法。通过制定具体的矫正措施，并跟踪执行情况，确保问题得到有效解决。

除此之外，管理者还应根据项目进展的实际情况，不断调整和优化项目的流程安排，提高项目管理的水平。

到此，关于"如何做好执行有监督"的内容就告一段落了。

接下来，我将对管理者使用PDCA管理循环时应注意的要点进行总结：

在计划阶段，管理者需确立清晰的目标，并据此制订详尽的工作计划和预算框架，确保各项任务得以明确、合理地分配给团队成员。

进入执行阶段后，应将计划和预算做试点执行，并在试点的过程中，不断完善预算框架，同时搭建合理的、可执行的流程制度。

在检查阶段，在计划和预算试点后，进行反复检讨。修复在试点执行中存在的缺陷，进一步完善计划和预算，完善流程制度。

最后，在行动阶段，做好全面执行，而且管理者应重视监督管理，做好定期检查和评估，及时发现存在的问题，并做出矫正。

## 内容延伸：银行对账单和公司银行账户上的余额为什么对不上

（1）什么是银行对账单、公司银行账户

银行对账单其实就相当于企业的流水单，内容通常包括账户信息、交易记录、余额信息、时间范围、对账单编号、签名和日期等，是银行和企业核对账务的联系单。

公司银行账户也被称为企业银行账户或对公账户，是银行为企业、事业单位、学校等机构设立的，用于收付款项和进行资金结算的银行账户。

（2）银行余额调节表的用处

企业和银行之间的对账存在差异，有时候银行已支付而企业未支付；有时候企业的支出已经计入公司银行日记账，而银行却未支付。这导致银行对账单上的余额与公司银行账的余额无法对上。

比如银行已经划转了企业的税和社保，但出纳还没来得及去银行取单据，这笔支出就暂时未被计入公司银行日记账，这种情况属于前者。而当公司银行账户上已经记录了工资成本，但银行还未实际拨款到每个员工的工资卡上，就属于后者。

总而言之，由于时间差的存在，就会导致"对不上"的情况出现，因此便需要制作银行余额调节表。

银行余额调节表是在银行对账单余额与企业账面余额的基础上，各自加上对方已收、本单位未收账项数额，减去对方已付、本单位未付账项数额，以调整双方余额使其一致的一种调节方法。主要是为了帮助企业账目和银行账目进行差异对比，并检查企业与银行之间可能存在的账目差错。

# 5.2
## 思维的角度决定你的高度

大家都知道，我曾经是一名财务从业者。因此，我的社交圈中不乏在这个行业里深耕多年的同学和朋友。通过大家的职场经历，我发现了一个引人深思的现象。

很多中层管理者在经理这一职级上工作了多年，甚至长达

8 年、10 年之久，却鲜有机会实现职业发展上的突破；只有极少数的中层管理者能够向上破圈，晋升为公司的 CFO，或者是副总裁。

其实，这些在职场晋升道路上止步不前的中层管理者，并非缺乏专业技能或工作经验，而是在思维的角度上未能实现突破。这种局限性使得他们在面对复杂问题时，往往只能看到表面现象或自己主观想看见的内容，而无法深入地洞察问题的本质。

而那些成功迈向更高职业阶梯的少数人，往往具有开阔的思维，能够站在更高的层次上看待问题，更全面地理解公司的战略目标和业务需求，从而做出更加明智和有效的决策。

然而，思维的角度具有多样性和复杂性，单纯的扩宽和优化思维角度并不足以确保中层管理者实现职场晋升。要想成功实现向上破圈，中层管理者必须深入探究如何以恰当的思维角度对待职场中的三大主体：老板、同事和自身。

## 5.2.1　站高一层看问题

职场案例

### 为什么老板的想法总是天马行空

小李是一家互联网公司的产品经理，他拥有多年的产品研发经验，曾多次带领团队研发出备受市场欢迎和用户好评的产品。

最近，小李正在带领团队研发一款软件。他坚信，在团队的共同努力下，一定能够研发出一款符合市场需求、用户喜爱的优秀产品。

然而，研发的过程却没有想象得那么顺利。因为小李的老板经常提出一些天马行空的想法。比如，开发新的功能、新增一些产品型号。

对此，小李颇有怨言，他担心这些想法可能会增加产品开发难度，给团队带来不必要的工作压力，而且未必符合市场的实际需求。

### 案例分析

#### 1 放下偏见和局限

小李遇到的问题在职场中其实很常见，大多数职场人在工作中都碰到过"想一出是一出"的领导或老板。他们的想法总是频繁变化，导致员工需要不断调整工作方向和内容。

比如，当你按照他的想法完成一版文案后，他马上又提出与之前截然不同的想法，希望你可以再出一版文案。

大家在面对这种情况时，往往会和小李产生一样的想法。认为老板没有考虑到一线工作的难处和市场实际需求，所以才会"想一出是一出"，不断提出天马行空的想法。

员工会产生这种想法情有可原，因为这些天马行空的想法确实增加了员工的工作量，还可能会影响其工作质量和积极性。

但这其实是一个思维误区，也是导致许多中层管理者无法向上破圈的原因：囿于自己的偏见和局限，没有尝试站在老板的角度去看问题。

这些中层管理者可能过度关注本部门在研发过程中投入的时间、人力等资源，而忽视了从更宏观、更全面的角度去思考问题。然而，真正的卓越管理者应该能够跳出这种局限，站在企业、老板和客户的角度去思考问题。

就拿小李的这个案例来说，其实互联网这个行业竞争非常激烈，老板想要通过独家产品占领市场，但是他不光要考虑产品是否满足市场需求和用户是否喜爱，还要考虑更多的维度：公司本身的财务状况，竞争对手正在研发什么产品，甚至有可能某大客户正在向公司提出了定制开发的需求，这可能都是小李并不了解的信息。

### ❷ 站在老板的角度看问题

站在老板的角度看问题，即想老板所想，想老板未想，见图 5-2。

图 5-2　站在老板角度看问题

（1）想老板所想

老板作为企业的决策者，其思考问题的角度和层面往往更为宏观和全面。

因此，我们需要站在老板的角度，从企业的战略方向、市场环境等角度对老板的决策进行深入分析。随后，发现最值得焦虑的三个问题，主动思考并提出解决方案，为老板提供有力的决策支持。

比如，当老板分配给你一项重要任务时，你应该多花些时间进行思考和沟通，了解这个任务背后的目的和动机，并分析它与企业自身业务战略的紧密关联。通过理解任务的核心意图，你能够更准确地把握老板的期望，提升工作效率，并确保工作方向与企业整体战略保持一致。

（2）想老板未想

人的思维都是有局限性的，老板也可能因为事务繁忙或思维惯性而忽略一些潜在的问题或机会。这时，我们就需要发挥自己的专业能力，结合企业的实际情况和市场动态，发现并提出老板可能还未考虑到的问题或建议，帮助企业规避潜在风险。

只要恰当运用"站在老板角度看问题"的能力就能为职业生涯带来显著的飞跃。我曾经见过一位非常出色的秘书，他在工作中从不拘泥于自己的本职工作，而是喜欢站在更高的角度思考问题，因此他迎来迅速成长，最终成功转型为企业家。

这位秘书主要负责一些行政性的事务，比如为老板预订机票、酒店，处理日常的生活服务等。当老板出差时，他则负责收集、整理和传递文件，确保老板能及时处理工作事务。

但是，这位秘书的过人之处并不在于高效完成日常的琐碎工作，而是在于他的用心与好学。他从不放过任何一个学习的机会，总是努力从工作中汲取经验和知识。

每一次收到新的签报<sup>⊖</sup>时，这位秘书都会站在老板的角度，尝试进行预先签批，并将自己的批语详细记录在小本上，然后再将签报递交给老板。

等老板完成签批后，这位秘书会细心地比对老板与自己的签批内容。假如老板的签批与自己存在较大差异，他便会深入思考老板为何这样回复，与自己的理解有何出入。

如果对比签批的过程中，遇到一些自己无法理解的问题时，这位秘书也不会盲目猜测，而是会选择在一个合适的时机，比如老板心情愉悦、状态良好的时候，以轻松自然的方式向老板请教。在这种情况下，老板通常乐于解答问题。

经过两三年的努力，这位秘书的业务水平和思维能力得到

---

⊖　签报就是需要领导签字的报告，是请示、报告的简化。一些不太重要，或者不方便采用报告、请示形式的问题，通常会采用签报的形式。

了显著提升。他甚至能够在老板进行回复前，洞悉老板的意图，因为他已经把握了老板的决策逻辑。而这些工作经历，也为他后期建立自己的企业提供了宝贵经验。

这位秘书的故事告诉我们，要想在职场中取得成功，就必须学会站在更高的角度去看待问题，了解并适应领导的思维方式，这样才能更好地为企业创造价值，实现个人与企业的共同成长。

### 5.2.2 横向破圈：打破职责边界

横向破圈？看到这个词很多人可能会产生疑惑，横向破圈是什么？它和向上破圈有什么关系？

**1** 什么是横向破圈

在现代企业中，跨部门合作已经成为一种常态。许多部门都需要通过与其他部门紧密合作以完成共同的目标。例如人力资源部门、财务部门、产品研发部门、市场营销部门、销售部门等。

为了确保企业高效且有序地运转，管理层通常会对每个部门的职责做出明确的要求，并制定规范的部门协同流程制度。这些职责要求及流程制度，就是部门协同时约束员工行为的"圈"。

横向破圈则要求中层管理者在进行部门协同时，适当打破边界感，努力与协同部门建立更加紧密的关系。面对协同部门提出一些职责范围外的工作需求，力所能及地提供帮助。

### ② 横向破圈背后的价值

作为一名部门管理者，维护自己部门的利益是无可厚非的事情。但是当你过于强调边界感，仅仅看重自己部门或小团队的利益，而忽视与其他部门的协作与配合，便会影响部门间的协同效率，进而导致自己的职业发展受限。

"赠人玫瑰，手有余香"，管理者在与其他部门进行协同时，若能设身处地站在对方的角度思考问题，理解他们的难处，并积极主动地提供切实可行的解决方案，反而会有意想不到的收获。

因为在这个情境下，站在对方的角度思考问题，其实就等同于"想老板所想"，是一种难得的大局观。这种行为不仅能够帮助管理者获得老板的认可，还能获得协同部门的信任和支持。

今后，如果你有机会向上破圈，晋升为公司的高层管理者，这些曾经与你并肩作战的部门管理者将会成为你最大的支持者。因为他们更倾向于一名熟悉各个部门业务，并愿意为大家工作提供支持的人成为高层管理者。

### 5.2.3　修炼高层的重要能力：抗压力

#### 某教育集团并购案

我曾经在美国主板上市公司某教育集团工作过一段时间，并顶着重重压力在半年内完成了 100% 收购另一家教育集团的项目。

我刚进入这家公司的时候，就对这一项目略有耳闻。

我们准备收购的这家集团成立于 1995 年，它不仅是中国最大的拓展训练教育集团，更是"拓展"这两个字的创造者，拥有与之相关的商标专利。该集团在拓展训练领域的业务每年都能达到四五亿元的销售额。

我所在的教育集团当时已经对外宣布，将会在半年内完成对这家拓展教育集团的并购。假如无法按时完成，公司的整体信誉就可能会受到影响，甚至可能导致股价的大幅下跌。然而，想在半年内完成 100% 收购这家拓展教育集团的项目并非易事。因为这家公司旗下有 38 家子公司和教育基地。

想要完成并购，就需要先对 38 家子公司进行审计、评估，最后再进行报表合并；合并后还要将某集团的财务报表从中国会计准则转换成美国会计准则；在半年内向美国的证监会提交报告，将这家集团的财务报表合并到已经在美国主板上市的我集团的整体报表中。

桩桩件件，都需要投入大量的人力和时间，这几乎是一项不可能完成的任务。而且一旦失败，对个人、公司的影响都可能是毁灭性的。因此，财务部的许多财务总监都对这个极具压力的项目望而却步。

当公司的领导找到我，询问我是否有信心能够在半年内完成这个项目时，我也感到了巨大的压力，但是我并没有像其他同事一样选择拒绝，而是选择接下这项艰巨的任务。

在进行并购的过程中，我每天都守着三部手机，奋战到凌晨，直至手机电量耗尽。尽管项目失败可能造成的后果就像一把刀，时时悬在我的头顶，我也从未退缩，始终对工作保持全身心的投入。

最终，我用了不到半年的时间成功完成了这个关乎集团生死的重大并购，获得了集团领导的认可。得益于这个项目的成功，我成为这家拓展教育集团的财务顾问。即便后来我因个人原因离职，这个老东家仍持续邀请我"归巢"，希望我能继续担任它的财务顾问。

## 案例分析

在复杂多变的职场中，挑战与压力如影随形，唯有具备强大的抗压能力，才能从容应对。尤其是对于中高层管理者来说，抗压能力就更为重要。这项能力能够帮助他们在逆境中稳住阵脚，带领团队共渡难关，甚至能帮助他们从挑战中寻求机遇。

因此，中层管理者想在职场中向上破圈，就必须克服思维的局限性，学会站在老板的角度看问题。在日常工作中，则需打破职责及部门的边界感，并努力培养抗压能力，争取实现个人职业发展。通过不断学习和实践，我们可以逐渐提升自己的抗压能力，为未来的成功奠定坚实基础。

# 5.3
## 不受夹板气的工作法

中层管理者作为高层和基层之间的中间角色，身上承载着许多责任。高层管理者期望他们能够有效地执行战略决策，推动组织目标的实现；而基层员工则期望他们能够理解并满足自己的需求。

中层管理者长期面对这种来自上下的双重压力，就像被两块夹板夹在中间，倍感煎熬。如果想要摆脱这种困境，就需要做好向上管理和向下管理。

### 5.3.1　向上管理

无论是老板的不认可还是下属的不支持，都会对中层管理者的工作造成巨大的影响。当这两种情形同时出现时，管理者往往容易陷入纠结，不知道先处理与哪一方的关系。

因为老板的不认可意味着工作得不到足够的支持，资源和决策权受到限制；而下属的不支持则可能导致工作执行受阻，团队协作困难，甚至影响整个团队的士气和效率。在此，我建议大家优先处理好与老板的关系，后续再处理与下级的关系。

### 1. 向上管理的优先性

之所以选择先维护与老板的关系，是因为这是一个一举两得的办法。只要你能获得老板的支持，就意味着能够为团队争取更多的资源，即等同于可以为下属争取更多的资源，下属自然而然会给予你尊重和支持。

若你选择优先争取下属的支持，则无法带来这么显著的效果。因为老板的关注点通常更为宏观和直接，他们更看重的是整体业绩和团队表现。即便你能够将团队气氛经营得和谐融洽，但如果未能满足老板的期望和需求，这种努力很可能难以改变他们对你的看法。

### 2. 如何进行向上管理

（1）己所不欲，勿施于人

分配工作是中级管理者日常工作中不可或缺的一环。在这个过程中，我们经常会遇到下属讨价还价的情况，大家对此都不胜其烦。因为这意味着需要投入更多的时间和精力去沟通协商，以达成双方都能接受的工作安排。

而当老板交给我们一项重大任务时，我们的角色就发生了微妙的转变。此时，我们不再是那个负责分配工作的中层管理者，而是成为需要接受任务并有效执行的下属。而我们的老板则扮演起了我们的"上级"。

经过角色互换，想必大家已经明白如何处理类似情况。我们此时要做的，应该是积极与老板进行沟通、了解项目的细节，然后欣然接受这个被老板视为困难或挑战性的工作。

实际上，这并不仅仅是一个简单的执行过程，还是一种对老板的向上管理策略。通过这种方式，我们向老板传递了一种积极的信号：我们对他的决策和期望表示认可，并愿意全力以赴地去实现。

老板作为企业的核心决策者和管理者，他们无法做到事必躬亲，因此往往需要在各个部门中选拔并培养那些能够担当重任、冲锋在前的"标兵"来协助他们实现目标。

而我们通过积极表达意愿和展现能力，传递出一种"归心"的信号，表明我们渴望成为老板眼中的那个值得信赖和倚重的"标兵"。如果老板刚好也有此想法，我们就能正式获得他的信任，在公司中拥有更多话语权。

除此之外，我们还需要回归工作本身，更多地通过实际行动向老板展示自己的工作能力，主动向上级汇报工作进展，及时反馈遇到的问题，并积极寻求解决方案。这样不仅能够让上级了解我们的工作状况，还能展现出我们的责任心和解决问题的能力。

### （2）结果导向、态度先行

我也是一名企业的经营管理者，我可以负责任地告诉大家：在评价员工时，我不仅会看重工作结果，同样重视员工的态度。

老板在发布工作时，对工作的难度和强度其实是有清晰认识的。当你接受挑战并展现出积极态度后，即使结果不尽如人意，你的态度本身已经赢得了老板的认可。在未来的工作中，老板仍会密切关注你的表现，并持续对你进行考核。一旦你取得显著的成绩，晋升的机会便会随之而来。

假如你不仅能够始终保持积极的工作态度，还能取得出色的工作成果，那么你的晋升之路将会比他人更加顺畅。

因此，中层管理者在与老板接触时，要站在老板的角度思考问题，理解老板做决策的动机和目的，并坚持"结果导向，态度先行"的原则，积极执行老板交给我们的任务。

## 5.3.2　向下管理

有效的向上管理，可以为中层管理者在进行向下管理时提供坚实的支撑和可靠的保障。但是这种建立在利益层面的关系往往具有短期性和不稳定性。

因此，中层管理者在向下管理时，还需注重合理分配工作强度和难度，确保团队成员能够心悦诚服地接受任务，并全力以赴地完成。同时，通过不断展现工作成果，赢得老板的长期信任，形成一个正向循环，使向上管理与向下管理相得益彰，共同推动组织的持续健康发展。

那么，管理者应当如何分配任务，才能使团队成员心悦诚服呢？

### 1 树立标兵

负责分配任务的管理者，就如同一位排兵部将的将领，肩负着引领团队、统筹全局的重任。然而，即便是最出色的将领，有时也会面临手下士兵不配合工作的挑战。

此时，将军便需要在团队中推出一名"领头羊"，可以在这种情况下主动站出来，承担重任。一旦有人开头采取某种行为或态度，后面的员工往往容易跟随和顺应，形成所谓的"羊群效应"。

负责扮演"领头羊"角色的就是标兵。管理者应该在部门中找出 1~2 名有成为标兵潜力的员工，然后帮助他们在专业上不断成长，对其进行扶植，并与他们进行深入而且频繁的感情交流。在建立深厚的关系后，他们自然愿意成为你的标兵。

通过树立标兵，可以更好地推动任务的完成，并在团队内形成良性的竞争氛围。因此，管理者应该注重培养和选拔标兵，让他们成为推动团队发展的中坚力量。

### ② 知人善任、人尽其才

管理者想要做好"排兵部将"的工作，就需要具备细致入微的战术布局能力。在任务分配的过程中，根据每个团队成员的特点、能力和优势，将他们放在最合适的位置上，确保每个成员都能够发挥出自己的最大潜能，实现团队的整体效能最大化。

想要做到"人尽其才"，则需要深入了解、洞察每个员工的不同维度。除了工作的完成度和效率，我们还要考虑员工的生活重心、工作态度以及个人能力和自信程度。

例如，对于工作效率高但重心在生活上的员工，我们应给予充分理解，并在工作安排上给予灵活度；对于工作结果不好却常抱怨的员工，应通过边缘化策略来观察和调整；对于不自信、有畏难情绪的员工，则需要耐心进行心理辅导和技术指导，观察其变化和进步。

总之，管理者想要做到"知人善任、人尽其才"，就必须全面、深入地了解每个员工，并根据他们的不同特点和需求来制定个性化的管理策略。

### ③ 分析项目重要性

趋利避害性是人的一种本能和自我保护机制。人们在面对风险或障碍时，通常会在全面考虑各种因素后，做出最符合自己利益且能长远发展的决策。

结合这一特性，管理者应学会与员工沟通，让他们了解某项工作对于他们个人、团队，或者公司的重要性。这种认知能够激发他们的能动性，使他们更加主动地投入工作中。

例如，管理者可以突出项目对部门的重要性："大家听好了，这个项目，对我们部门来说非常重要！要是干得好，咱们部门的业绩能往上蹿一大截，季度奖金也会更多！"

也可以突出该项目对某个员工的重要性："这个项目对你来说可是个好机会，它直接关乎你今年的业绩考核。只要你干好了，这个项目就能帮你实现职业飞跃的关键一跳。"

### ④ 分解任务

下属之所以会经常对管理者分配的任务进行讨价还价，还有可能是出于畏难情绪。针对这一情况，管理者可以通过以下的两个方法来解决。

① 明确项目的人员配置，并对工作内容进行细致分解。可以将整体工作划分为若干阶段，并为每个阶段设定明确的时间节点，形成一张清晰的时间表。

② 管理者需要为员工兜底，解决他们的后顾之忧。在项目关键节点，无论是遇到技术上的难题还是协调上的障碍，管

理者都应积极介入，提供及时的帮助和建议。同时，管理者还应承诺，如果出现问题或差错，会主动承担责任，与员工们共同面对挑战。

通过分解工作任务，不仅可以确保工作的有序进行，还能让下属对任务有更清晰的认识，减轻他们的畏难情绪。

# 5.4
## 四步帮你快速树立威信

每个层级的管理者手中都掌握着岗位赋予他们的职务权力，但其职务权力能否有效施行，则取决于管理者的威信。

即使两位管理者拥有相同的职务权力，二者的影响力与执行力也可能大相径庭。有的管理者无须多言，其决策便能顺畅地贯彻执行；而有的管理者即使三令五申，也难以得到下属的配合。二者的差异就在于管理者威信的高低。

对于高层管理者，尤其是新晋升的高层管理者，或者从其他公司空降到目前岗位的高层管理者来说，树立威信就更为重要。

因为员工面对新上任的管理者，通常是持观望、试探，甚至是挑战的态度。管理者最好能在上任之初就成功树立威信，令员工心悦诚服。这样在后续的工作中才能更加得心应手，达到"不令而行"的理想状态。

## 5.4.1 管理者立威的四个方法

"商鞅变法"是历史上一次著名的变法运动，这场变法运动不仅让秦国成为一个强大的国家，还为后期秦国统一六国奠定了基础。

纵观历史，在新法令颁发之初，百姓们往往会对其持观望态度，因为在那个动荡的时期，朝令夕改也是常有的事情。但是"商鞅变法"的法令在颁布之初就迅速获得百姓的信服，这主要归功于变法的负责人商鞅的"徙木立信"之举为他树立了强大的威信。

商鞅派人在国都最热闹的集市南门竖起了一根三丈长的木头，并贴出告示："谁能将这根木头搬到集市北门，就给他十金。"

百姓们对这个告示议论纷纷，但是却没人敢来搬动这根木头。

于是，商鞅又贴出了一份新的告示："谁能将这根木头搬到集市北门，就能得到五十金。"

五十金是一笔数目不小的钱，很快就有人心动了，壮着胆子将木头搬到了北门，商鞅果然在众目睽睽之下给了他五十金。

通过这件事情，商鞅迅速在百姓心中建立了威信，百姓们对其颁布的法令上的内容十分信服。

"言行一致"确实是树立个人威信的办法，这个方法值得管理者借鉴、学习。但是如果管理者想快速在职场中树立威信，还需要一些其他的办法。

### 方法一：专业性

在需要高度专业技术的领域，如财务管理、互联网技术或工程领域中，专业技能特别突出的人往往更容易赢得他人的尊重和崇拜，并在团队中树立威信。因为人们普遍存在慕强心理，内心更喜欢、崇拜那些比自己更强大、优秀的人。

而拥有卓越专业技能的人不仅具备解决复杂问题的能力，而且能够提供高质量的解决方案，推动团队或部门的整体绩效提升。通过向这样的高手学习，团队成员的专业技术也会有飞速的提升，团队成员自然而然就会对其感到敬佩。

因此，在需要专业技术的行业或部门中，管理者需要不断提升自己的专业技能水平，努力成为行业内的佼佼者，在工作中展示自己专业的一面。

更重要的是，管理者不能吝于帮助团队成员提升专业能力水平，这个过程能够帮助管理者进一步提升其在团队中的威望。

方法二：狐假虎威——学会向老板借力

"狐假虎威"指的是新上任的管理者可以凭借老板的支持在团队内迅速建立威信。

正所谓"背靠大树好乘凉"，老板是企业或者组织中的最高管理者，得到他的支持不仅能为个人或部门带来更多的资源和机会，还能帮助管理者获得团队成员及其他部门的认可和支持。

然而，建立和赢得信任是需要时间的。管理者不仅需要做好打持久战的准备，还需要准备好临时解决方案。

（1）老板站台

管理者应定期向老板汇报工作进展、遇到的挑战，以及取得的成果。然后，在此基础上向老板提出明确的需求，争取获得老板的支持。

若老板能够在部门会议或员工大会等公开场合为你站台，不仅是对你个人能力的肯定，更是对团队士气的极大鼓舞，这样的支持将极大提升你在团队中的威信和影响力，有助于你更好地推进工作。

在进行跨部门沟通时，有时也可以巧妙地借助老板的权威来推动工作。例如，当需要其他部门合作完成某项任务时，管理者可以适时提及老板的需求，将其作为推动其他部门工作积极性的一种方法。

当然，在使用这种策略时，要避免滥用。一般情况下，员工们不会轻易去求证这些信息的真实性。但我们需要谨记，诚实和公正的管理才是建立稳固团队关系的关键。在运用"狐假虎威"这一策略时，应审慎而适度。

（2）如履薄冰

管理者本身必须具备出色的能力和良好的工作态度，才能获得老板的由衷支持，真正达到"狐假虎威"的效果。

因此，作为管理者，对待每天的工作应当"如履薄冰"，努力展现出卓越的工作能力、深厚的专业知识以及积极向上的工作态度。准确把握老板的意图，积极贯彻其决策，并在关键时刻提出有价值的建议。这不仅能够确保工作的顺利进行，还能够加深老板对管理者的信任和依赖。

方法三：抓住命脉——奖惩制度

制定奖惩制度与拥有"生杀大权"属于管理者的岗位权力。如果将管理者与团队成员的关系比作一架天平，那么制定奖惩制度与拥有生杀大权便是这架天平上的砝码，它们共同维持着两者之间的平衡与稳定。只要运用得当，这两个方法就可以帮助管理者树立威信。

通过公正的奖惩制度，管理者能够激励团队成员积极投入工作，提高整体业绩。比如，当员工表现出色时，应给予适当的奖励，不仅能够肯定其努力，还能激发其更大的潜力。这种正向激励能够增进员工对管理者的信任和尊重，进而帮助管理者树立威信。

而拥有"生杀大权"，则更多地体现在对员工职位的升降和去留上。管理者手握这一重要权力，意味着他们能够根据市场环境的变化和业务需求的调整，灵活地对团队的结构和人员进行优化配置。

这项权力把握住了大多数员工的命脉，使得管理者在团队中拥有了不容置疑的权威。若管理者在关键时刻能够果断决策，对团队结构或人员进行必要的调整，也能够展现出其领导力和决策能力。

然而，需要注意的是，奖惩制度与生杀大权的运用必须公正、合理且适度。如果滥用或偏袒，不仅无法树立威信，还可能引发团队成员的不满和抵触。

## 方法四：树立标兵

在 20 多年的职业生涯中，我经常空降到世界 500 强企业或者是上市公司当管理者。每次到一家新的公司，我都会做一件事——在部门内选出 1~2 名员工作为我的"标兵"。通过对其职务、薪资提升或者工作内容的支持，把他们扶植起来。

这种做法不仅能够激发"标兵"的工作热情和积极性，还能在团队内树立一个良好的榜样，让其他团队成员从中看到，只要跟随管理者的步伐，努力工作，便能够收获相应的回报与认可。

## 5.4.2　管理者树立威信的三种工具

### 1 高效开会

对于管理者来说，开会是一个绝佳的立威时机。这个场合不仅是一个讨论专业、业务内容的平台，更是一个展现领导才能、树立权威形象的重要舞台。

管理者可以参考以下两点，掌握高效开会的技巧，在团队中树立威信。

第一，精彩的发言是树立领导形象的关键。发言内容应该既精练又切中要害，能够展现管理者的专业能力和独到见解。通过深入浅出的讲解，引导下属理解并接受团队的愿景和目标，这样的发言能够给下属留下深刻印象，从而增强管理者的威信。

第二，牢记开会的目的，切勿本末倒置。开会并不是管理者的个人秀，而是团队协同合作、交流思想、解决问题的重要途径。

猎聘在 2021 年发布的《当代年轻职场人现状洞察报告》中指出，工作量过大、职场内卷、开会过多是导致经常加班的三大主因。而开会过多、领导决策时间长等导致效率低下占加班主要原因的 46.63%，这是一个相当高的比例。由此可见，高效开会、提高整体效能对于职场人来说，是一个真实且迫切的需求。

因此管理者在开会时，应该减少无效的交流，设定明确的目标。针对工作中遇到的难题或挑战，通过集思广益的方式，寻求最佳的解决方案；或者可以在会议上，就重要事项进行决策，确保团队的工作方向明确，资源得到合理分配；对于团队成员提出的一些建议和意见，则应及时给予积极的反馈和回应，展现出开放和包容的领导风格。

如此一来，不仅能提升会议的效率和质量，体现管理者的领导力，还能满足团队成员高效开会的需求，帮助管理者在团队中树立能力强且对下属包容的形象。这一类型的管理者恰恰是职场中最容易获得员工尊重的类型之一。

在一些重要的会议中，管理者除了需要注意以上两点外，还可以尝试邀请老板参加重要会议，即上文提到的"老板站台"。这不仅能够体现老板对团队的支持和认可，还能够让下属看到管理者与老板之间的紧密关系，对于树立管理者的威信具有极大的推动作用。

### 2. 岗位职责梳理

物质需求是人类的基本需求，当员工受到管理者的物质激励时，他们会因感念其公平、公正地分配资源，关注员工的合理需求而对管理者产生更多的信任和尊重。

在职场中，物质激励通常表现为薪酬、奖金、福利等。部分刚上任的管理者，可能暂时未掌握薪酬决策权，没有权力给员工涨薪。他们可以另辟蹊径，通过岗位职责梳理，进行岗位调整。这个方法不仅能够优化团队结构，提升工作效率，还能够激发员工的工作积极性和潜力。

通过合理的岗位调整，管理者可以更好地匹配员工的能力与岗位需求，为员工提供更多的发展机会，让其在最适合自己的位置上发挥最大的价值。这种方式可以间接地影响员工的薪酬，有别于常规的涨薪、奖金，是另一种形式的物质激励，并且还能照顾到员工的精神需求。

### ❸ 绩效面谈

绩效面谈可以分为绩效评估和面谈两个环节。

绩效评估是管理者培养人才、树立个人威信的重要工具，因为绩效评估可以直接地影响员工的薪酬，关乎员工最根本的利益。

管理者在进行绩效评估时，必须秉承客观、公正的态度。因为任何基于个人喜好或主观情感的评定都可能导致不公正的结果，这不仅损害员工的合理利益，也会损害管理者自身的声誉，不利于管理者建立个人威信。

完成绩效评估后，建议大家可以通过面谈的方式将评估的结果告诉员工，这样的沟通方式比书面沟通更直接、有效。

在面谈过程中，管理者不能只赞扬、不批评，应当有理有据地对员工进行客观、全面的评价。既要肯定员工的成绩和进步，也要明确指出员工存在的问题和不足。

这样的反馈不仅能让员工对自己的工作表现有清晰的认识，还能为他们提供有针对性的指导，帮助他们改进和提升。

### 5.4.3 管理者如何长期保持威信

管理者想要树立威信并不难，但长期保持威信却是一项艰巨的任务。因为真正的威信难以在一朝一夕间练成，它需要时间的沉淀和实践的磨砺，只有那些真正具备实力并不断努力的管理者，才能赢得实至名归的威信。

（1）工作业绩是管理者威信的重要支撑

假如管理者在带领团队过程中，能够敏锐地识别团队每个成员的优势和不足，针对团队的实际情况制订合理的发展计划和行动策略，并带领团队完成既定的目标、取得显著的业绩，便能赢得员工长远的尊重和信任。因此，管理者需要注重工作实效，以实际成果来证明自己的价值。

（2）公正、有能力的管理者更值得员工追随

公正的管理者在进行利益分配或决策时，能够全面、客观地考虑团队中每个成员的利益，不偏袒任何一方，确保每个人

都得到应有的待遇和机会。这种公正性让员工感到被尊重、被重视，从而愿意与这样的领导者共事，并为其付出努力。

除了公正性外，有能力、愿意帮助员工进行个人提升的管理者也更容易获得员工的尊重。

因为这一类管理者通常愿意投入时间和精力来培养员工，提供学习和发展的机会，帮助员工提升自己的能力和技能。

因此，公正、有能力的管理者更容易获得员工的尊重，保持威信。他们不仅能够在团队中发挥领导作用，更能够激发员工的积极性和创造力，推动团队不断发展壮大。所以管理者应该在工作中保持公正性，不断提高自己能力，争取员工真心的支持。

## 5.5
### 相信你的下属

管理者在团队中就相当于一个"大家长"，不仅需要为团队设定目标、制定策略，还需要维护团队日常的和谐与稳定。所以他们总是下意识地为团队成员操心，习惯于将各种事务都安排得井井有条。

然而，这种过度的细心和周到有时也可能导致部分管理者在团队内的身份定位变得模糊，使自己更像是一个"事无巨细的照料者"。

这种做法就好像对幼儿园小朋友悉心照料的家长，并不利于团队成员的成长，而且"主动指导"越多，团队成员越容易陷入"被动消极"中。

部分家长出于对孩子的爱护之心，在未征得孩子同意的前提下，就大包大揽帮助孩子完成一些他们本可自己完成的手工作业，这导致孩子失去了自主解决问题的机会，无法从失败中学习、从挑战中成长。

除此之外，这种行为可能使孩子对学习产生厌倦情绪，作业过于简单或者过于复杂，都会让孩子无法从中获得乐趣和成就感，反而会觉得学习是一件枯燥无味的事情。

因此，管理者作为团队中的"大家长"，应该相信团队内的成员自主解决问题的能力，不要过多干涉其日常工作，给予其充分的自主权。

## 5.5.1 解决"信任"的后顾之忧

很多管理者之所以会在工作中展现出强势的一面，正是出于对工作负责的态度。他们想尽可能规避一切项目进行途中可能会出现的风险，保证项目按照原定方向前进。不仅是为了履行自己的工作职责，也是为了保障团队的整体利益。

然而，很多事情不是非黑即白的，管理者在进行管理工作时还要读懂人性，把握好团队中每个成员的心理需求和预期。

（1）科学管理：尊重天性

人的天性是很难抑制的，无论是那些在工作中惯于展现强势的管理者，还是那些更倾向于尊重内心工作的团队成员，当他们的天性受到压抑时，团队的凝聚力和个体工作效率难免会受到影响。

为了解决这个问题，我们可以结合双方的特质，制定更人性化的管理方式，让双方的天性都能通过合适的方式得以释放。

管理者应先深入了解每个团队成员的性格特质和能力所长，再根据他们的特点进行合理的岗位安排。这样的话即使其仍旧保持强势的工作作风，团队内的成员对工作安排也不会有过多意见。

例如，让擅长分析的人负责出谋划策，他们往往更乐于接受这样的安排。反之，如果让技术出色但沟通能力欠佳的人去承担外联工作，不仅容易被团队成员怨怼，还可能对项目产生一些反效果。

（2）控制大方向：制定详细的规则

假设管理者过于关注细节，便容易陷入琐碎的事务中，影响项目整体规划与管理。管理者只需要在项目关键的节点出现，进行监督和指导。然后，将精力集中在制定清晰的规则和设定明确的目标上。

一旦管理者将奖惩制度、工作流程制定清楚，团队成员就能按照设定好的系统有序工作，在规则允许的范围内自由发挥创造力。这种做法既保证了团队整体的稳定和工作效率，又尊重了团队成员的个性。

同时，管理者应学会信任和授权团队成员，相信团队成员具备处理细节问题的能力，并在适当的时候给予他们充分的自主权。这样，团队成员就可以在自己的职责范围内自由发挥，更好地完成工作任务。不过，在授权的同时，管理者仍须保留监督权力。在项目进程中的重要节点时出现，进行把关，梳理项目细节，帮团队纠正错误。

综上所述，在这样的管理框架下，管理者便能毫无后顾之忧地将一些事务交予团队成员；团队成员也能够保持高效的工作状态，在相对宽松的环境中不断提升自我，实现个人与团队的共同成长。

## 5.5.2　发掘员工的无限可能

人们在面对不确定的情况和风险时，通常不会随便信任他人，更倾向于将未知的风险掌握在自己手中，避免受到伤害、期望落空，这是一种自我保护机制。

想要成为一名优秀的管理者，就要克服这种本能性的疑虑，做好日常的员工培训工作，确保员工有能力处理突发情况。

人成长的过程中都会付出"成长的代价"，所以管理者最好要在关键的节点出现，在关键的节点上进行监督和指导，不要让事情偏离轨道太多，把握大的风险。而日常的操作更多的是指派团队中的"标兵"带队完成。

### 1 克服个人思考局限

俗语有云："一人计短，二人计长。"一个人在考虑问题时，往往会受限于自身的知识、经验和视野，难免会有不足之处；然而，当多个人聚集在一起出谋划策时，不同的观点便能够相互碰撞、融合，产生一个更全面的方案。

这一道理在工作中同样适用，即便管理者精明能干、经验丰富，也难免会有疏漏之处。而团队中的每个成员都拥有独特的视角和经验，这些恰恰能够补足管理者的不足之处。

当团队成员与管理者的思维相互碰撞时，将会激发出意想不到的火花，产生新的创意和想法。同时，团队成员的意见和建议也能够为管理者提供全新的思考角度和解决方案，从而帮助团队更好地应对各种挑战和问题。

因此，管理者在工作中应该注重倾听团队成员的声音，鼓励他们积极参与决策和讨论，共同推动团队的进步和发展。

### ❷ 跨洋求学的波折：每个人的创造力都是无限大的

我曾经在澳大利亚工作过一段时间，所以我的女儿也在那里上学。后来由于某些原因，她回到了北京的一所国际学校继续学习。但是，她在这所北京的国际学校学习了一年，无法适应这里的环境，甚至还因此产生了厌学的情绪。

于是，我的女儿坚定地向我表示，她想要回到原来的学校继续学习。可是想要重新入学没有那么容易，澳大利亚那所学校是一所声誉卓著的学校，在新南威尔士州排名第一，想要入学的学生通常需要排队 3~5 年的时间。

但是作为一名家长，为了女儿的学业，再难我也要想办法。我原本计划找一个合适的时机给校长写信，详细阐述我们的情况，希望能得到校方的理解和支持。同时，我也在考虑向曾经加入的家长群来寻求帮助，希望能够得到群里家长们的支持和声援。

然而，就在我思考解决方案的时候，却意外地收到了这所学校校长的来信。

在信中，校长表示欢迎我的女儿回归学校，目前已经安排了专人负责这件事情。等我女儿到了当地以后，工作人员就会直接跟她联系，当天就可以进校学习。

当我得知这一消息时，我感到非常惊讶，我还没和校长联系呢，校长怎么会知道我女儿要返校入学？

后来，我问了女儿才知道，在我们讨论完这个问题后，她当晚就给校长写了一封信。我仔细阅读了那封信的内容，发现她比我写得还要好，不卑不亢，又充分表达了自己的想法和愿望。

在看到这封信之前，我还想了很多其他办法，但却从来没有想过我女儿完全可以自己解决这个问题。因为我下意识将她当成需要依赖家长解决问题的孩子，忽视了她的个体创造力。

每个人都是独特的个体，拥有自己的创造力，他们能够创造出的价值有时候远超过我们的想象力。因此，管理者在工作中也应给予团队成员充分的信任，鼓励他们勇敢尝试、创新，考虑使用非常规的方法来解决问题。

### 3. 建立双向信任关系

"相信下属"这一理念的核心在于管理者对团队成员能力的充分认知。但要真正践行这一理念，不仅需要管理者了解、信任团队成员，团队成员对管理者的信任同样至关重要。

在这个过程中，管理者需要展现出对团队成员的尊重和认可，在关键节点上对目前工作的情况进行中肯的总结，并对团队未来的工作制定非常明确的目标。只有这样，才能建立真正意义上的信任关系，推动团队朝着共同的目标迈进。

### （1）管理者信任团队成员

管理者对团队成员的信任，体现在给予他们足够的自主权、决策权，以及在工作中遇到困难时提供支持与鼓励。这种信任能够激发团队成员的积极性和责任感，促使他们更加投入地工作，发挥出最大的潜能。

### （2）团队成员信任管理者

团队成员对管理者的信任体现在员工能够积极主动、按时、按质地完成工作的同时，还能够给予管理者善意的建议。管理者也很需要员工的情绪价值，员工的积极性会成为管理者的"底气"，打起仗来无后顾之忧。

为了建立这种双向的信任关系，管理者需要展现出自己的专业能力、诚信和公正，同时也要积极倾听团队成员的意见和建议，给予他们充分的尊重和认可。而团队成员则需要通过努力工作和积极表现，赢得管理者的信任和支持。

总之，"相信下属"是一个双向的过程，它需要管理者和团队成员共同努力，建立一种基于信任、尊重和支持的合作关系，从而推动团队的持续发展和进步。

# 5.6
## 做一个会提问的管理者

管理者除了处理部门事务外，还有一个重要职责，那就是培养员工、搭建团队。一旦将团队搭建完成，管理者就可以将更多的时间和精力投入更重要的事情上。

### 5.6.1　如何做不累的管理者

有一个刚升职为管理者的朋友向我抱怨："升职了以后反而更累，每天都要帮下属解决无数个问题，还要抽空完成我自己的工作，我感觉分身乏术。"

其实这个现象在职场中并不是个例，很多管理者在工作中都会遇到类似的问题。

因为员工在工作中遇到难以解决的问题时，通常会选择向管理者求助。而很多管理者在碰到此类情况时，习惯直接给下属提供答案。他们认为这种做法能够快速、有效地帮助员工解决问题。

#### ❶ 直接提供帮助无异于饮鸩止渴

上面提到的做法只能解决短期的问题，对员工的成长和发展无法起到促进作用。而且管理者并不了解第一线的实际情况，他们简单直接给出的方案有时候会出现漏洞。

而员工可能会因过度依赖领导的指导，逐渐丧失自主解决问题的能力。或者是因过于在意领导之前的评价而变得犹豫不决，缺乏自信和勇气去独立面对和解决问题。

长此以往，将会形成一个恶性循环。习惯了获得领导"直接帮助"的员工在无形中已经失去了独立思考和解决问题的能力，变成只会执行领导指令的"机械人"。

管理者不得不将自己置于部门"大脑"的位置，承担决策和指导的责任，并且还需要应对员工因缺乏自主性而带来的各种问题，大大增加了自己的工作负担。

### ② A 的方法不一定适合 B

管理者在面对员工的求助时，如果直接给出解决问题的方案，让员工依照方案去执行，也无法保证员工这项工作的完成度能达到 100%。

因为这些解决方案往往是基于管理者自身的经验和思维形成的。每个人对问题的理解和处理方式都存在差异，即使员工具备强大的学习能力和沟通能力，他们最多也只能执行这些想法的 70%~80%。

并且，过度依赖管理者的指导会限制员工的创造性思维和解决问题的能力。员工可能会逐渐习惯于接受指令，而不再主动思考和探索。这不仅不利于员工的个人成长，也会影响整个团队的创新能力和工作效率。

### ❸ 不要让你的"答案"成为团队的"天花板"

那么，如何才能有效地帮助员工，促进他们的成长和发展呢？管理者需要学会教练式的引导和提问，即学会向员工提问题，并引导员工自己找出解决问题的方法。

强势的领导培养出来的下属往往大部分是"奴隶型"员工，善于引导和培训的领导才有机会培养出"千里马"。

下面这个例子将为大家展示管理者如何巧妙地抛砖引玉，引导团队成员形成团队的"天花板"，实现团队成员潜力的最大化。

职场案例

#### "提问题"比"说答案"更有用

小陆所在的团队近期接到了一个市场推广任务，需要在一个月内推出一项创新的营销活动，吸引目标客户的关注。

作为团队的负责人，小陆接到任务后迅速行动，制定了详尽的执行方案和步骤。然而，当团队成员看到这份细致到列出每个成员的具体任务分配的方案时，却对小陆的工作安排提出了诸多疑问和反馈，导致工作进程被打乱，无法顺利推进。

在这种情况下，小陆决定调整自己的策略。他尝试向团队成员提出具有启发性的问题，引导他们自主思考和寻找解决方案。

例如，在讨论营销活动的主题时，他不再直接提出自己的想法，转而问大家："我们如何结合目标客户的兴趣点，打造一个既新颖又有趣的营销主题？"

通过这种方式，小陆成功地激发了团队成员的创造性思维。他们开始积极讨论、交流想法，最终提出了三个有创意并且大家都认可的营销主题方案。

在接下来的工作中，小陆继续采用这种提问式的领导方式，鼓励团队成员主动思考、尝试和创新。随着时间的推移，团队成员的自信心和积极性得到了显著提升，整个团队的工作效率和质量也得到了明显改善。

## 案例分析

这个案例表明，有时候提出一个好问题也能激发员工的思考和创新能力，甚至比直接给出答案更能产生积极的效果。

因为思维方式的差异，当管理者直接给予员工一个现成的答案时，他们可能无法理解其中的逻辑，进而提出更多的新问题。

相反，当我们提出一个富有启发性的问题时，却能激发员工的思考热情，引导他们主动探索，从而得出令人满意的答案。

因此，作为管理者，我们应该鼓励员工独立思考和解决问题，而不是直接告诉他们答案。我们可以提供必要的支持和引导，帮助员工分析问题、寻找解决方案，并激发他们的创造性思维。这样不仅可以提高员工的执行力和解决问题的能力，还能增强他们的自信心和自主性，为团队的长远发展注入更多活力。

## 5.6.2　善用 5WH 提问法

教练式的引导和提问确实是一种很有效的人才培养技巧，但它并非人人适用。

因为这种方法的核心在于，通过循循善诱的引导与层层深入的提问，点燃被引导者思维的火花，促使他们独立思考、自主解决问题。这也就意味着引导者和被引导者都需要付出大量的时间、精力和耐心，才能达到预期的目标。相当于在无形之中，提高了使用者的门槛。

那么，我们能否找到一种更为简单且高效的提问规律，既能避免走弯路，又能为员工的成长和发展提供有力支持呢？

通过在工作中不断地实践和总结，我探索出了一个实用的提问方法——5WH<sup>○</sup> 提问法，即通过五个问题了解员工具体的工作情况，并引导员工自主思考。希望这一方法能够助力大家打造出一支优秀、高效的团队。

当我们采用 5WH 提问法时，每一个问题都如同一个指南针，引导被提问者深入思考并分享他们的见解和经验。因

───────────

○　WH 取自 WHAT 的简写。

此，提问的顺序和内容都需要我们经过精心设计和考虑，见图 5-3。

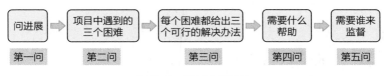

图 5-3　5WH 提问法

第一问：问进展

通常情况下，我会将"请问你现在的项目进展到什么阶段了"作为第一个问题。这个问题看似简单，实则意义重大。它不仅能够帮我们迅速了解项目的当前状态，还能为后续的提问和讨论奠定基础。

第二问：项目中遇到的三个困难

了解完项目具体情况后，便可以采取一种递进式的提问方式，询问员工："项目进展到这个阶段，你有没有遇到问题，其中让你感到最棘手的三个问题是什么呢？"

当被提问者详细描述自己在项目中遇到的挑战时，我们需要认真倾听并思考他们的回答，这些回答可以加深我们对项目的了解。

第三问：每个困难都给出三个可行的解决办法

根据员工对第二问的回答，我们可以生成新的问题："你能不能针对这三个困难分别提出三个可行的解决方案呢？"引导他们进一步深入思考，找到解决问题的思路和方法。

例如，员工提到某个技术问题难以解决，我们可以追问："你觉得这个问题的根源是什么？你的解决方案是什么？效果如何？你是否可以再想出三个可行的解决方案？"这样的问题可以帮助员工深入分析问题的本质，引导其探索有效的解决方案。

假如员工在回答时表示需要更多的时间来思考，我们可以给予他们一定的时间和空间，让他们回去仔细思考并准备答案。

例如，我们可以说："好的，请你回去想一想，针对每个困难给出三个解决方案。等你准备好后，再来向我汇报。"

倘若管理者在日常工作中频繁运用 5WH 提问法，员工很快就会习以为常，往往能提前思考并准备好相应的答案。这种思路能够帮助员工更加深入地理解问题，并提升他们在工作中的应变能力和思考深度。

在人才培养的过程中，我们应允许或包容员工出现犯错情况。当发现员工提供的方案不尽如人意，过于基础或模糊时，我们不应直接给予评价，容易打击其积极性，而是应该反其道而行之，以引导的方式帮助他们进一步深入思考。

例如，在对方提出解决方案后，我们可以针对方案的内容继续提问："你的这个方案在未来实施的过程中，是否有可能出现某种特定情况？如果遇到了这样的情况，你将如何应对？"

通过深入剖析问题，引导员工发现潜在的风险，并进一步完善方案，最终使其思路逐渐接近我们的高度，进而达到培养的目的。

### 第四问：需要什么帮助

当员工给出一个比较接近我们思路的方案后，关于方案内容的讨论便可以先告一段落，进入下一阶段。在此阶段，我们需要向员工提出第四个问题，了解他实施方案时是否需要我们的帮助，并确定我们能为他提供哪些具体的支持。

例如，我们可以这样说："你目前提出的方案已经臻于完善。现在我想了解一下，你在实施这个方案的过程中，是否需要我的帮助或支持？如果需要，你希望我为你提供哪方面的帮助或资源？"

了解了员工的期望后，我们便可以基于他的回答提供帮助，如提供信息、资源、建议或协调其他团队成员等。这样做不仅能够让员工感受到我们对他的支持和关心，还有助于推动项目的整体进展。

### 第五问：需要谁来监督

项目实施过程中的所有困难都被排除后，接下来需要考虑的就是如何确保方案能够得到有效执行并落地。最好的办法是找出一位监督者，由他来对方案的执行过程进行跟踪和评估，确保各项任务得以按时完成，并达到预期的效果。

因此，5WH 提问法的最后一个问题为：请员工选定由谁来监督方案的执行落地。当员工提出适合的人选后，双方再共同商定最终人选。这样的安排能够推动项目高效、有序地执行。

在实际工作中，运用 5WH 提问法可以激发被培养者的思考，引导他们全面、深入地分析问题，并找到解决问题的有效方法。通过提问，我们还可以发现被引导者存在的盲点和误区，及时给予纠正和反馈，帮助他们不断提升自己的能力和水平。

曾经有一个著名的企业家在他的办公室门上贴着一张纸，上面写着：请你不要仅仅带着问题推开我的门，还请准备好至少三个解决方案。让员工养成一种带着解决方案来找我的思维定式，将会让你和你的团队发挥出更大的力量。因此，我强烈建议大家在自己的实战工作中尝试使用 5WH 提问法。

# 后 记

　　最后，我想和读者们说的是：人生有不同的阶段，不同的境界。我这本书讲述的工具和方法，都是如何在职场中生存的智慧，也就是我们大白话所说的"软实力"或者叫"软性技术"，这方面的技巧也许可以给你带来升迁或加薪，但它仅仅是人生的某个收获，并非人生的全部，也非人生的终级要义。

　　人生更多的意义在于对内，如何发现自我，观察自我，体会自我。对外，如何观察这个世界，体察这个宇宙。最终达到抛掉个人对于物质的无度索取，一心追求精神世界的超越。不聚焦于对物质的索取，而是聚焦于如何提升自己的智慧维度，才是真正破除内心焦虑和烦恼的不二法门。

　　获得幸福是要一步一步走的，弱小的时候，学习做"水"，去适应这个环境，生存下来。随着时间的推移，当水流汇聚成河，成为江河湖海后，就要更加的包容，给予别人。水利万物而不争，而万物莫能与之争。学习给予才是最强大的力量，希望与君共勉。